Drittes Auge

Übersinnliche Wahrnehmung und mentale Kräfte durch
Aktivierung der Zirbeldrüse.
Mein neues Über- Ich.

Sophie Wolf

Rechtliches und Impressum

© Sophie Wolf 1. Auflage 2024
Kontakt: Piok & Dobslaw GbR, Alte Str. 3, 56072 Koblenz
onlybooks@gmx.de
Covergestaltung: Fiverr.com
Coverfoto: Depositphotos.com
Fotos im Buch: Lizenzen gekauft bei Depositphotos.com
Druck und Distribution im Auftrag :
tredition GmbH, Heinz-Beusen-Stieg 5, 22926 Ahrensburg, Germany
ISBN Taschenbuch: 978-3-384-12737-2
ISBN Hardcover: 978-3-384-12738-9
ISBN Ebook: 978-3-384-12739-6

Inhalt

Drittes Auge

Übersinnliche Wahrnehmung und mentale Kräfte durch
Aktivierung der Zirbeldrüse.
Mein neues Über- Ich.

Sophie Wolf

Einleitung

Du sehnst dich danach, den Sinn deines Lebens zu erkennen? Du bist überzeugt, dass es mehr geben muss als unsere physische Welt? Du bist auf der Suche nach einem spirituellen Wegweiser, der dich dem Göttlichen näherbringt? Du strebst nach Klarheit und Weisheit? Dann ist dieses Buch genau das richtige für dich!

Die Öffnung des dritten Auges ist unabdingbar, wenn du nach der sogenannten Erleuchtung suchst. Dabei ist es nicht so, dass das dritte Auge heute noch geschlossen ist und sich schon morgen durch ein bestimmtes Ereignis öffnet. Es steckt vielmehr ein Prozess dahinter, der durch verschiedene Übungen gefördert werden und sich auf verschiedenen Ebenen vollziehen kann.
Man spricht hier auch von dem „spirituellen Erwachen", wodurch stärker hervorgehoben wird, dass es sich um einen Prozess handelt. Und wie beim Erwachen am Morgen verläuft dieser Akt bei dem einen Menschen schneller als bei dem anderen.

Während du am Morgen stets von allein die Augen öffnest, so steht außer Frage, dass du aktiv werden musst, um spirituell zu erwachen. In diesem Buch werden dir verschiedene Werkzeuge an die Hand gegeben, die dich dabei unterstützen. Es ist dir selbst überlassen, was davon du wirklich umsetzt.

Es gibt nicht den einen idealen Weg zur Öffnung des dritten Auges – je stärker du dich jedoch mit dem Thema auseinandersetzt und verschiedenen Ansätzen gegenüber aufgeschlossen bist, umso größer ist die Wahrscheinlichkeit, dass du zeitnah eine Veränderung spürst.

Bevor du deinen Weg zum spirituellen Erwachen antrittst, ist es sinnvoll, dich ein wenig mit dem theoretischen Teil dieses Prozesses auseinanderzusetzen. Dadurch erhältst du einen umfassenden Eindruck davon, welche Möglichkeiten dir ein geöffnetes drittes Auge bereiten kann. Legen wir los!

Was ist das dritte Auge?

Das dritte Auge ist unsere Verbindung zur geistigen Welt. Im Gegensatz zu den beiden physischen Augen, mit denen wir in die Welt blicken, ist das dritte Auge energetischer Natur. Es befindet sich in der Mitte der Stirn zwischen unseren Augenbrauen und entspricht dem sechsten der sieben Haupt-Chakren. Somit ist es Teil unserer energetischen Wirbelsäule. Weitere Bezeichnungen sind Stirnchakra oder Ajna-Chakra (Sanskrit: ajna ‚wahrnehmen').

Spirituelles Erwachen dank des dritten Auges

Mit dem Prozess der Öffnung des dritten Auges geht das spirituelle Erwachen einher. In seinem Kern steht die so genannte Erleuchtung dafür, dass du dir darüber im Klaren bist, dass Gott (konfessionsunabhängig) nicht nur existiert, sondern dass du selbst ein Teil von ihm bist. Man könnte auch sagen, du bist ein Teil eines großen Ganzen, das sich nicht von den anderen Teilen trennen lässt.

Als spirituell erwachter Mensch weißt du, dass alles miteinander verbunden ist. Du lebst in der Gewissheit eines dir Kraft schenkenden Urvertrauens. Nichts was geschieht, ist nutzlos. Alle Situationen, mögen sie noch so herausfordernd sein, erlebst du, damit du als Mensch daran wachsen kannst.

Spirituell zu erwachen bedeutet außerdem, dass du deinem Herzen und deinem Seelenauftrag zu folgen vermagst.

Du bist demnach in der Lage zu unterscheiden, was deine Seele wirklich will und was dein Ego aufgrund falscher Glaubenssätze meint zu wollen (etwa eine Karriere als Manager, Geld, materiellen Reichtum, Erfolg durch gesellschaftliches Ansehen usw.).

Hinter dem spirituellen Erwachen verbergen sich somit viele neue Glaubenssätze, Perspektiven und ganze Paradigmenwechsel. Das dritte Auge bringt eine Reihe unterschiedlicher Fähigkeiten mit sich, die uns auf dem Weg zur Erleuchtung unterstützen und dieselbe erst ermöglichen.

Fähigkeiten des geöffneten dritten Auges

Das dritte Auge gilt als das Tor zur Seele und ermöglicht uns, in unser Inneres zu sehen. Mit seiner Hilfe können wir unseren Seelenplan erkennen und so unser individuelles Potenzial im besten Sinne weiterentwickeln, indem wir eine Vision davon entwerfen und definieren, wohin unsere individuelle Reise gehen soll.

Gleichzeitig hilft uns das dritte Auge dabei, mehr Klarheit und Weisheit in unserem täglichen Leben zu erlangen. Das heißt, mit einem geöffneten dritten Auge begreifen wir Dinge schneller und sehen Situationen oder Umstände in einem neuen Licht. Wir können den Sinn hinter Geschehnissen erkennen und Synchronizität wahrnehmen. Dadurch wird unsere Empathie gegenüber unseren Mitmenschen sowie anderen Lebewesen gesteigert.

Weiterhin befindet sich im dritten Auge unsere Intuition. Das bedeutet, dass wir mit dessen Öffnung verstärkt dazu in der Lage sind, Dinge intuitiv wahrzunehmen oder zu beurteilen. Man könnte sagen, wir wissen etwas, ohne es belegen zu können.

Eine bessere Vorstellungskraft und Fantasie gehören ebenfalls zu den Stärken, die wir mit dem Öffnen des dritten Auges erlangen. Wir können uns im wahrsten Sinne des Wortes von etwas ein besseres Bild machen. Zusätzlich wird unsere Konzentrationsfähigkeit gestärkt.

Eine andere besondere Fähigkeit, die wir mit Hilfe des dritten Auges erlangen können, ist die Telepathie. Diese ist nämlich keineswegs einem Zauberer vorenthalten, sondern in jedem von uns angelegt. Sie ermöglicht uns, mit Tieren oder Pflanzen zu kommunizieren, genauso aber nonverbal mit unseren Mitmenschen oder Geistwesen anderer Dimensionen.

Das dritte Auge steht außerdem für eine andere Art und Weise des Sehens. Während wir durch unsere beiden physischen Augen die uns vertraute dreidimensionale Welt erblicken, schauen wir mit unserem energetischen dritten Auge darüber hinaus in eine vierte Dimension. Diese vierte Dimension ist feinstofflicher Natur; hier herrschen nicht die Regeln von Raum und Zeit. Vor diesem Hintergrund ermöglicht uns das dritte Auge zum Beispiel das Wahrnehmen anderer Energien und Wesen (wie Engel), Hellsichtigkeit oder das Sehen der Aura und ihrer Farben.

Wichtig ist hierbei zu erwähnen, dass nicht immer das visuelle Sehen gemeint ist. Manchen Menschen erscheinen beim Hellsehen tatsächlich Bilder. Andere wiederum fühlen energetische Veränderungen, riechen Farben oder erfahren die Antworten auf ihre Fragen in ihrem Kopf, als seien es ihre eigenen Gedanken. Man könnte sagen, es ist von deinem individuellen Talent abhängig, welche Fähigkeit sich bei dir auf eine bestimmte Weise am ehesten entwickelt. Wenn du achtsam bist, wirst du deine individuelle Präferenz der Wahrnehmung schnell erkennen, wenn dein drittes Auge sich zu öffnen beginnt.

Du siehst, es gibt sehr viele gute Gründe, um sich dem Öffnen des dritten Auges zu widmen. Vielleicht hast du ein bestimmtes Ziel, wie mehr Klarheit über deine Aufgaben in diesem Leben zu erlangen. Nun schreckst du vielleicht davor zurück, weil dir die Fähigkeit, plötzlich andere feinstoffliche Wesen wahrnehmen zu können, Angst macht. Diese Sorge brauchst du jedoch nicht zu haben. Es zeigen sich dir immer nur die Dinge, für die du wirklich bereit bist. Wer weiß, möglicherweise verändert dich die Öffnung des dritten Auges insofern, dass deine aktuellen Hemmungen gegenüber einem heute noch angsteinflößenden Aspekt bald schon gar kein Thema mehr sind.

Blockaden des dritten Auges

Der Grund dafür, dass bei einem Großteil unserer Gesellschaft das dritte Auge erst geöffnet werden muss, liegt in unserer Art zu leben. Falsche Wertevorstellungen, ungesunde Lebensweisen (schlechtes Essen, zu wenig Schlaf, Drogen, Stress usw.), vom Verstand gesteuerte Lebensentwürfe und mangelnder Glaube an die Existenz des Göttlichen führen uns weg von Intuition und Weisheit. Folglich ist das dritte Auge bei den meisten Erwachsenen nicht nur geschlossen, sondern sogar blockiert.

Anzeichen für ein blockiertes drittes Auge können auf körperlicher Ebene häufige Kopfschmerzen, Druckgefühl, Ohrenprobleme oder Entzündungen der Nasen- und Nebenhöhlen sein.

Wenn du dich nicht konzentrieren, keinen klaren Gedanken fassen oder dich nur schlecht an deine Träume erinnern kannst, sind das weitere Indizien für ein blockiertes drittes Auge. Selbst der als Charakterzug getarnte Wunsch einer Person, alles zu jeder Zeit rational erklären zu können, deutet auf eine Blockade hin. Ein solches Verhaltensmuster demonstriert, wie stark die gesellschaftliche Sozialisierung auf unser drittes Auge einwirkt – und es blockiert. Wir leben in einer von Verstand dominierten Welt, in der das Denken über alles andere gestellt wird. Schließlich lasse sich mit wissenschaftlichen Erkenntnissen die ganze Welt hundertprozentig und bis ins kleinste Detail erklären.

Unser Leben wird zunehmend von Informationen geflutet (richtige sowie falsche), doch letztendlich fehlt es den Menschen an Weisheit aufgrund der Leugnung ihres nicht sichtbaren dritten Auges.

Mit den später folgenden Übungen werden wir nicht nur das dritte Auge öffnen, sondern auch Blockaden lösen können. Je nach Schwere der Blockierung solltest du dir bewusst machen, dass es einige Kraft kosten wird, dein drittes Auge zu öffnen. Viele Blockaden haben sich über Jahre in uns festgesetzt. Dein spirituelles Bestreben ist allerdings ein sehr gutes Zeichen dafür, dass du dich auf dem richtigen Weg befindest, denn je weniger ein Mensch für Spiritualität offen ist, umso geschlossener ist sein drittes Auge.

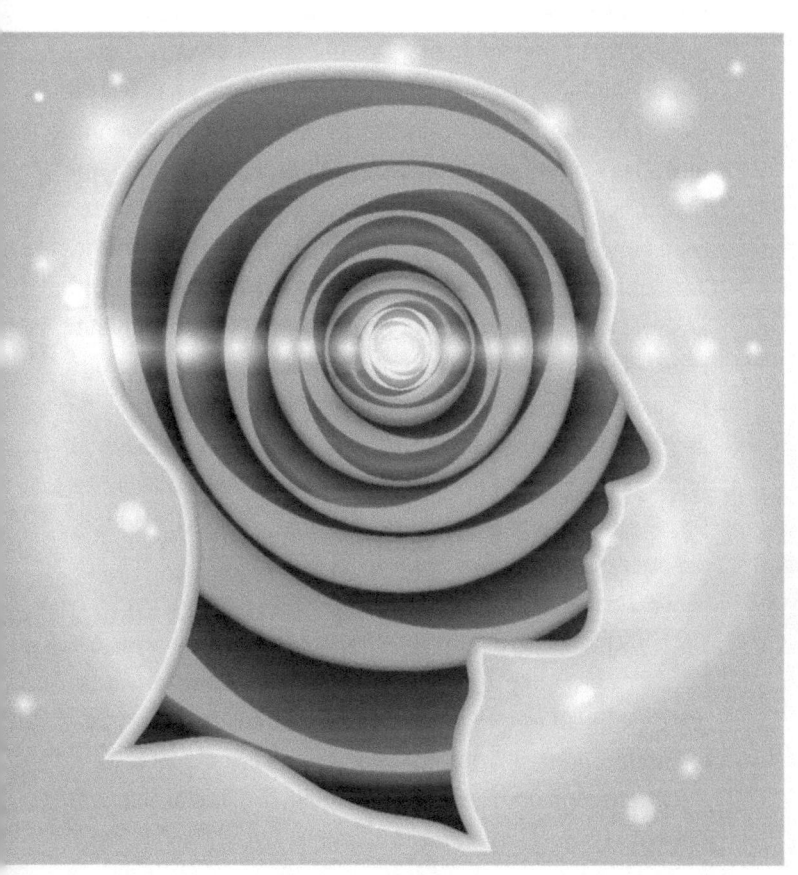

Die Zirbeldrüse als körperliche Manifestation des dritten Auges

Die Zirbeldrüse – in Fachkreisen Epiphyse, Corpus pineale oder Glandula pinealis genannt – entspricht der physischen Manifestation des dritten Auges. Dieses Organ hat seinen Sitz im Zentrum des Zwischenhirns und nahe dem Stammhirn. Der Aufbau der Zirbeldrüse erinnert stark an den unserer physischen Augen. Sie besitzt pigmentierte Netzhautzellen und eine kugelförmige Masse, die einer Linse gleicht. Tatsächlich fand man heraus, dass die Zirbeldrüse auf Licht anspricht, das durch unsere physischen Augen hereinfällt. Hierin liegt bereits ein Indiz dafür, warum das dritte Auge mit der Zirbeldrüse in Verbindung gebracht wird.

In ihrer Länge misst die Zirbeldrüse nicht mehr als 5-8 mm und ähnelt in ihrer Form einem Tannenzapfen. So klein die Drüse jedoch sein mag, in ihrer Wirkung ist sie alles andere als bedeutungslos. Aus spiritueller Sicht bildet sie die Antenne für die Botschaften unserer Seele. Doch auch physisch nachweisbar nimmt sie eine Schlüsselrolle in unserem Körper ein: Durch ihren Einfluss auf das Hormonsystem wirkt sie bei über hundert Körperprozessen mit und gibt allen anderen Drüsen den Takt vor. Für uns ist insbesondere die Produktion der Hormone Serotonin und Melatonin von Bedeutung.

Serotonin ist als Glückshormon bekannt geworden, da es Einfluss auf unsere Gemütszustände nimmt.

Es wirkt antidepressiv und kann Schmerzempfindungen lindern, außerdem hilft uns Serotonin bei der Entspannung. Das Hormon wird mit Hilfe von Tageslicht gebildet, demnach können wir seine Produktion durch den Aufenthalt an der frischen Luft sowie Ausdauertraining unterstützen. Da Tryptophan – neben Tageslicht – eine bedeutende Rolle bei der Bildung von Serotonin spielt, helfen auch Nahrungsmittel, in denen diese Aminosäure verstärkt vorkommt. Hierzu gehören etwa Linsen, Erbsen, Sojabohnen, Erd- und Cashewnüsse, Kürbiskerne, Bananen, Pilze sowie Rindfleisch und Fisch.

In der Nacht wird aus Serotonin das Hormon Melatonin gebildet. Dieses sorgt für einen guten Schlaf.

Sobald Licht auf unsere Netzhaut fällt, was durch die Zirbeldrüse wahrgenommen wird, wird die Produktion von Melatonin reduziert. Aus diesem Grund ist es ratsam, in möglichst dunklen Räumen zu schlafen beziehungsweise helles Licht am Abend allgemein zu meiden, andernfalls droht eine Störung unseres Melatoninhaushalts.

Folgen sind Schlafstörungen, Erschöpfung und Müdigkeit. Vor diesem Hintergrund ist es besser, am Abend im Kerzenschein zu sitzen, anstatt sich mit hellen Lichtquellen wie handelsüblichen Raumlampen zu umgeben. Auf Fernseher-, Computer- und Smartphone-Bildschirme sollte in den späteren Stunden möglichst verzichtet werden.

Melatonin hat jedoch noch mehr zu bieten. Seine antioxidative Wirkung nimmt Einfluss auf unsere Immunabwehr, die Gesundheit unserer Zellen und die Entgiftung unseres Körpers.

Darüber hinaus wird dem Hormon eine erhebliche positive Einwirkung auf unseren Alterungsprozess nachgesagt. Das heißt konkret: Leiden wir unter Melatoninmangel, altern wir schneller und sind anfälliger für alle Arten von Krankheiten. Zudem gibt es Studien, die nachweisen, dass ein höherer Melatonin-Spiegel zu einem gesteigerten Empfinden von Empathie beiträgt.

Zusammen sind Serotonin und Melatonin demnach nicht nur für unseren Schlaf-Wach-Rhythmus verantwortlich, sondern ebenso für Gefühle wie Wohlbefinden, Glück und Zufriedenheit sowie ein gesundes Leben.

Unter bestimmten Voraussetzungen bildet Melatonin Dimethyltryptamin, kurz DMT. Gegeben scheinen diese Voraussetzungen insbesondere bei Geburt oder Tod, bei Nahtoderfahrungen sowie spirituellen Erlebnissen, aber auch in der Tiefschlafphase.

DMT soll für unser Traumgeschehen verant-wortlich sein. Gemeint sind dabei nicht nur die normalen Träume, sondern auch luzide Träume (d.h. Träume, in denen du dir des Träumens bewusst bist) und mystische Träume (Visionen). Gleichzeitig ermöglicht DMT Bewusstseinserweiterungen, weshalb es auch als spirituelles Molekül bezeichnet wird.

So verändert es unter anderem in erheblichem Maße unsere visuelle Wahrnehmung.

Erlebnisse mit anderen Energien, Zeiten oder Dimensionen sind genau solche spirituellen Erlebnisse, bei denen DMT gebildet wird. An dieser Stelle wird die Verknüpfung des Hormons Melatonin und der Zirbeldrüse mit dem dritten Auge deutlich.

Die Schwächung der Zirbeldrüse

Die Zirbeldrüse verkümmert oder verkalkt in der heutigen Zeit zunehmend, den Grund dafür finden wir in unseren Lebensgewohnheiten. Werfen wir einmal einen Blick darauf, was der Zirbeldrüse besonders zu schaffen macht.

Eine besondere Belastung der Zirbeldrüse ist durch unsere vermehrte Aufnahme von künstlich beigefügtem Fluorid nachgewiesen. Fluorid ist als Inhaltsstoff von Zahnpasta bekannt, kommt jedoch auch in unserem Trinkwasser vor. Vor diesem Hintergrund kann ein vermehrter Verzehr von bestimmten Fischsorten kritisch sein. Setze am besten einen speziellen Fluoridfilter ein, wenn du das Wasser aus dem Hahn genießen möchtest.

Gleichermaßen schädlich für die Zirbeldrüse sind chemische und künstliche Inhaltsstoffe in unseren Nahrungsmitteln. Nimm möglichst unverarbeitete Lebensmittel zu dir und vermeide fettiges Fast Food, Salz, raffinierten Zucker oder Weißmehl. Kohlensäurehaltige Getränke sind ebenfalls kritisch zu betrachten. In einem späteren Kapitel, in dem es um die konkreten Maßnahmen zur Öffnung des dritten Auges geht, wird näher darauf eingegangen, wie du deine Ernährung mit dem Verzicht auf die hier genannten Schadstoffe gestalten solltest.

Neben den in Nahrungsmitteln enthaltenen ist unser Körper allerdings weiteren Giftstoffen, wie Aluminium oder Schwermetallen, ausgesetzt.

Wer sich impfen lässt oder Medikamente zu sich nimmt, konsumiert diese automatisch mit. Umweltgifte, wie Autoabgase und Elektrosmog, sind in unserer heutigen Zeit kaum vermeidbar. Es ist dennoch wichtig, dass du dir über diese Belastung im Klaren bist und sie durch eine gesunde Lebensgestaltung möglichst ausgleichst. Hinterfrage, ob du wirklich das Smartphone auf dem Nachttisch liegen haben möchtest oder einen Fernseher im Schlafzimmer brauchst.

Es gibt noch einen weiteren Auslöser, der zur Verkalkung und Verkümmerung unserer Zirbeldrüse führt. So schaden negative und einschränkende Glaubenssätze oder Gedanken der Zirbeldrüse ebenso wie materielle Quellen.
Eine Entlastung und Entkalkung der Zirbeldrüse bewirken wir durch dieselben Übungen und Instrumente, die unser drittes Auge öffnen. Darüber hinaus helfen uns diese Instrumente zusammen mit einem achtsamen Leben dabei, die Zirbeldrüse erst gar nicht einer allzu großen Belastung auszusetzen. Meditation etwa sorgt für eine kontinuierliche Regenerierung und Stärkung dieses für uns so wichtigen Organs, ebenso wie eine gesunde Ernährung, positive Gedanken und die Arbeit an unserem Seelenauftrag.

Das dritte Auge in Geschichte und Wissenschaft

Schon in der Antike war die Zirbeldrüse bekannt. Wir finden dazu Aufzeichnungen bei Pythagoras, Platon und Iamblichos. Häufig zitiert wird außerdem René Descartes' Überzeugung, dass in diesem Organ die menschliche Seele zu finden sei. Die Zirbeldrüse wurde somit schon hier zum Tor ernannt, an dem Körper und Seele aufeinandertreffen.

Das Symbol des Kiefernzapfens

Von diesen frühesten Aufzeichnungen an wurden die Erleuchtung, das dritte Auge und die Zirbeldrüse weltweit durch das Symbol des Kiefern- beziehungsweise Pinienzapfens dargestellt. Der ägyptische Stab des Osiris aus dem zweiten Jahrhundert vor Christus trägt den Kiefernzapfen, um den sich zwei Schlangen ranken. Mit diesem Stab herrschte der Gott Osiris über das Tor zum Jenseits und entschied somit über den Eintritt in andere Dimensionen.

Die Darstellungen hinduistischer Gottheiten beinhalten ebenso häufig das Symbol des Kiefernzapfens; beispielsweise haben die Haare des bedeutendsten hinduistischen Gottes Shiva deutliche Ähnlichkeit mit der Form des Zapfens. Wir finden darüber hinaus bei den alten Römern, bei den Griechen und in Mexiko ähnliche Fragmente, die den Kiefernzapfen als Symbol für Erleuchtung, ewiges Leben oder Weisheit tragen.

Wer sich auf Spurensuche nach dem Symbol begibt, wird auch in unseren heutigen Religionen fündig. So ziert der Kiefernzapfen den heiligen Stab des römisch-katholischen Papstes. Wer die drei übereinandergestapelten Kronen auf der Flagge des Vatikans betrachtet, erkennt die Zapfenform. Noch deutlicher zeigt sich das Symbol in zahlreichen Kerzenständern oder Leuchtern. Diese stehen als Materialisierung der spirituellen Erleuchtung gleichermaßen für das dritte Auge und die Zirbeldrüse.

In aktuellen Studien beschäftigen sich allerdings nicht nur Historiker oder Archäologen mit der Zirbeldrüse und dem dritten Auge. Auch Mediziner und Biologen erforschen das Organ und seine Auswirkungen auf unseren Körper, wie weiter oben etwa bei dem Zusammenhang von Serotonin und Melatonin ausgeführt wurde. Vollständige Erkenntnisse stehen jedoch nach wie vor aus – noch immer birgt die Zirbeldrüse ihre Geheimnisse.

So bemühen sich die Wissenschaftler nun, nachdem ihnen zumindest die hormonellen Vorgänge weitestgehend bekannt sind, um die Aufarbeitung der spirituellen Zusammenhänge. Neben Messungen und Beobachtungen der Zirbeldrüse während der Meditation beschäftigen sich Forschergruppen mit den sogenannten Nahtoderfahrungen. An dieser Grenze zu anderen Dimensionen tun sich die Experten jedoch nach wie vor schwer.

Der Großteil des Wissens, das zu diesem Thema existiert, beruht meist auf den Erfahrungen der jahrtausendealten Menschheitsgeschichte, nicht aber auf wissenschaftlich nachgewiesenen Quellen.

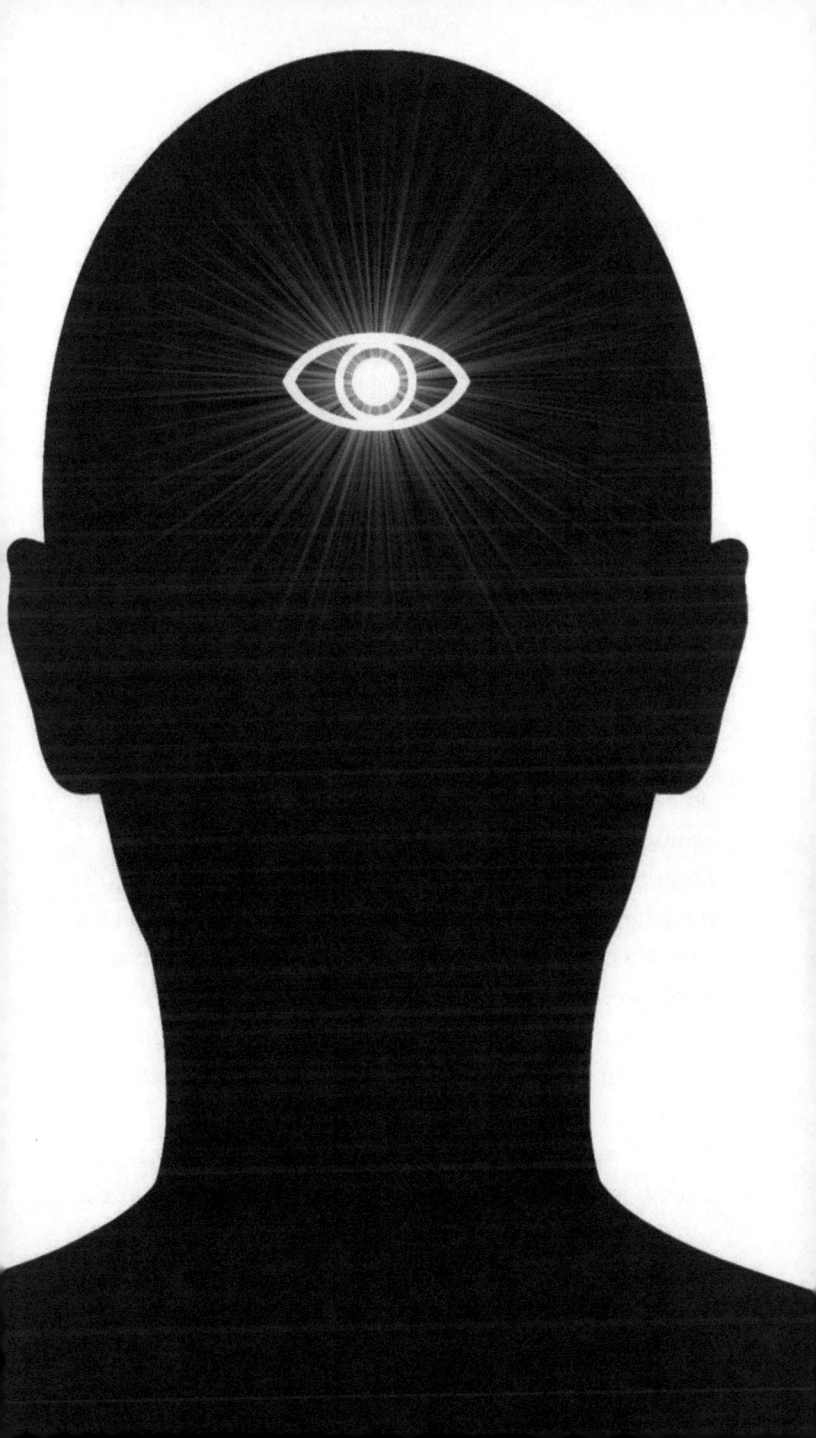

Übungen und Instrumente zur Öffnung des dritten Auges

Die Öffnung des dritten Auges kann auf verschiedenen Wegen unterstützt werden. In den folgenden Abschnitten möchten wir dir so konkret wie möglich aufzeigen, welche Mittel und Methoden du verwenden kannst. Dabei geht es nicht nur darum, dir wirksame, sondern auch leicht umsetzbare Instrumente an die Hand zu geben.

Meditation

Spirituelles Erwachen und ein geöffnetes Auge benötigen kontinuierlich vor allem Eines: Ruhe. Gemeint ist damit nicht nur das Ausschalten von Radio oder anderen Geräuschquellen, sondern vielmehr die Stille in dir selbst, die dir den Blick nach Innen und in die Weisheiten des Lebens ermöglicht.

Meditation ist daher ein unabdingbares Instrument zur Öffnung des dritten Auges. Die meisten Menschen haben bei dem Thema Meditation das buddhistisch geprägte Bild im Kopf: im Schneidersitz beziehungsweise Lotussitz verweilend, die Hände im Schoß oder auf den Knien ruhend und die Augen leicht geöffnet zum Boden blickend oder geschlossen.

Das ist durchaus eine häufig praktizierte Meditationsübung, jedoch nur eine von vielen Möglichkeiten. In der Meditation geht es darum, ganz in sich selbst zu versinken und sich von Gedanken frei zu machen.

Mit welcher Art von Meditation dir das am Besten gelingt, probierst du am besten selbst aus, beispielsweise über unterschiedliche Kursangebote. Für den Anfang reicht es aber aus, wenn du dir im Internet eine geführte Meditation aussuchst und deren Anweisungen nachgehst.

Diese geführten Meditationen gibt es zu den unterschiedlichsten Themen, wie Körperwahrnehmung, Achtsamkeit, Erdung oder zum dritten Auge. Es ist wichtig, dass du hier die Stimme eines Sprechers findest, die dir zusagt. Fühlst du dich beim Zuhören wohl, musst du nichts weiter tun, als den Anweisungen zu folgen.

Neben Ruhe und Introspektion bieten vor allem geführte Meditationen (wie z.B. die Kraftreise in der dritten Meditationsübung weiter unten) die Möglichkeit, deine Visualisierungsfähigkeit zu schulen. Bilder vor deinem inneren Auge entstehen zu lassen, trainiert dein drittes Auge in der Wahrnehmung anderer Dimensionen.

Anstatt geführten Meditationen zu folgen, kannst du natürlich genauso in Eigenregie ausprobieren, ob du ohne Anleitung in die Stille kommst. Vielleicht legst du eine sanfte Musik ein, die du leise im Hintergrund abspielst. Trommeln, Walgesänge oder Naturgeräusche können ebenso gute Begleiter sein.

Meditation muss nicht nur im Schneidersitz erfolgen. Du kannst dich auf den Rücken legen, die Hände entspannt an deiner Seite mit den Handflächen nach oben und die Füße entspannt nach links und rechts wegfallend.

Du kannst aber auch auf einem Stuhl sitzen. Das ist vor allem dann angebracht, wenn du eine kleine Übung in der Mittagspause auf der Arbeit machen möchtest. Wichtig ist, dass du nicht gestört wirst.

Wer es lieber bewegter mag, der sei durch Meditation nicht zum Stillsitzen verdammt. Gehmeditation funktioniert gut Zuhause, wenn du mit kleinen Schritten ganz langsam durch den Raum gehst und dich auf jedes Absetzen deines Fußes konzentrierst. Oder du probierst bei einem Waldspaziergang aus, was passiert, wenn du dich nur noch auf den Vogelgesang konzentrierst und alles andere loslässt.

Meditation darf kreativ sein und muss keinen starren Strukturen folgen. Es ist eine Frage deiner Vorlieben und deiner Tagesform. Heute funktioniert das Sitzen möglicherweise gut und morgen eben nicht. Habe den Mut, dich auszuprobieren und neue Formen für dich zu entdecken. Wichtig ist, dass du dich dabei entspannst und dir selbst so ein Stück näher kommst.

Natürlich ist es wunderbar, wenn du dir täglich 30 Minuten oder mehr Zeit für eine Meditation nimmst, doch oft sieht unsere Realität anders aus. Dann ist es besser, du meditierst fünf Minuten, anstatt es ganz sein zu lassen. Bei der Meditation sind Routine und Kontinuität von großer Bedeutung. Von daher wird empfohlen, unbedingt jeden Tag zumindest ein kurzes Zeitfenster zu finden und nicht nur einmal die Woche eine längere Übung durchzuführen.

Schraube deine Ansprüche an dich hier gerne hoch, aber sei gütig zu dir selbst, wenn etwas nicht so gelingt, wie du es dir vorgenommen hast. Oft hilft es schon, wenn man das Vorhaben fest in den Alltag integriert. Wunderbar ist eine fünfminütige Meditation direkt nach dem Aufstehen, noch bevor du irgendetwas anderes tust. Wenn du morgens nicht ungestört bist, weil du von Kindern oder Haustieren umzingelt wirst, probiere es am Abend vor dem Einschlafen oder wann auch immer sich ein für dich passendes Zeitfenster ergibt.

Meditationsübungen

Die folgenden drei Meditationsübungen bilden eine gute Grundlage für erste Meditationsversuche und sind zugleich auf das dritte Auge ausgerichtet. Du kannst sie dir einige Male durchlesen, bevor du sie ausprobierst, oder du sprichst sie dir selbst auf Band oder dein Smartphone, um sie dann abzuspielen und deiner eigenen Stimme zu folgen. Achte dabei darauf, dass du nicht zu schnell liest, sondern immer wieder Pausen einlegst, sodass du nicht durch die Meditation hetzen musst.

Unabhängig von der Art der Meditation ist es außerdem wichtig, dass du dir immer einen ruhigen Ort suchst, an dem du nicht gestört werden kannst. Das heißt auch: Telefon ausschalten und andere mögliche Störenfriede so gut es geht ausschließen.

<u>Übung 1</u>: Achtsamkeits- und Körperwahrnehmungsübung
Die folgende Meditation ist eine Basisübung, wenn wir uns spirituell weiterentwickeln möchten. Du kannst sie gar nicht oft genug machen und am besten führst du sie sogar täglich durch. Vor allem abends verhilft dir diese Lektion zu einem entspannten Schlaf. Und wie wir wissen, ist das förderlich für die Bildung des Melatonins in unserer Zirbeldrüse.

Darüber hinaus ist diese Übung elementar für das dritte Auge, da du hiermit die Innenschau übst. Du konzentrierst dich dabei zwar auf deinen physischen Körper, dieser ist jedoch keineswegs unwichtiger, nur weil du vielleicht außerkörperliche Erlebnisse anstrebst. Deinen Körper hier auf der Erde gesund zu erhalten und wertzuschätzen, ist eine Grundvoraussetzung für die spirituelle Entwicklung.

Beginn der Meditation:
Lege oder setze dich entspannt hin. Wenn du möchtest, kannst du Musik anmachen, die dich zum Entspannen einlädt. Nun schließe deine Augen. Atme zehn Mal tief ein und aus und nimm dir Zeit, deinen Atem im Körper wahrzunehmen. Spürst du, wie sich dein Bauch hebt und senkt? Gelangt dein Atem auch in die Brust? Wie tief atmest du? Versuche, den Atem einfach und ohne Anstrengung fließen zu lassen.

Nun lenke deine Aufmerksamkeit in deine Zehen. Kannst du diese einzeln wahrnehmen oder nur als Ganzes? Sind sie entspannt oder verkrampft? Wenn du eine Anspannung spürst, bemühe dich, deine Zehen bewusst zu lockern.

Von den Zehen ausgehend widmest du dich anschließend deinen gesamten Füßen. Stehen diese fest auf dem Boden? Wie fühlt sich das an? Wenn du liegst, sind deine Füße abgeknickt oder gerade? Versuche, auch hier ein Gefühl der Entspannung zu bewirken.

Als nächstes wandert deine Aufmerksamkeit in die Unterschenkel und von dort Stück für Stück durch deinen ganzen Körper – in die Knie, die Oberschenkel, den Po, die Hüfte, den Unterbauch, den unteren Rücken, den Oberbauch, die Brust, den oberen Rücken, die Schultern, den Nacken – und stets wiederholst du die gezielte Beobachtung und das Hineinfühlen in die jeweiligen Körperteile. Gibt es einen Unterschied zwischen rechts und links? Kannst du an den jeweiligen Stellen eine Entspannung erzeugen? Wo fällt es dir schwer, weil vielleicht ein Schmerz oder eine Blockade spürbar ist?

Zum Schluss widmest du dich deinem Gesicht. Spüre, ob dein Kiefer entspannt ist oder du die Zähne zusammenbeißt. Legst du vielleicht die Stirn in Falten?

Vergiss keine noch so unscheinbare Stelle an deinem Körper. Es geht in erster Linie um die Wahrnehmung und die Bemühung, dich zu entspannen. Sollte das irgendwo nicht gelingen, bleibe gelassen. Gern ziehen wir die Schultern zu den Ohren, haben ein Stechen im Rücken oder ein Ziehen im Magen, usw. Es geht darum, dass du deinem Körper Aufmerksamkeit schenkst. Dein Ziel ist nicht direkt, die Probleme zu beheben, sondern hinzuhören und deinem Körper somit zu signalisieren, dass du ihn wertschätzt. Wenn du diese Übung regelmäßig machst, werden sich einige Schwachstellen von selbst in Luft auflösen.

<u>Übung 2</u>: Konzentration auf das dritte Auge
Diese Meditation ist explizit auf die Wahrnehmung des dritten Auges ausgerichtet. Sie lässt sich gut in den Tag integrieren, wann immer du über ein Zeitfenster von fünf Minuten verfügst oder einfach das Gefühl hast, kurz durchatmen zu wollen. Durch regelmäßiges Praktizieren wirst du dein drittes Auge immer stärker spüren und verorten können.

Beginn der Meditation:
Setze dich entspannt und aufrecht hin. Schließe deine Augen. Nimm den Boden unter deinen Füßen oder deinem Gesäß wahr und spüre, wie die Erde dich trägt. Nimm ein paar tiefe Atemzüge, bei denen du durch die Nase ein- und durch den Mund ausatmest. Löse dann die Konzentration auf deinen Atem und lasse die Luft einfach fließen.

Fokussiere dich nun auf die Stelle etwas oberhalb von dem Punkt zwischen deinen Augenbrauen. Hier sitzt dein drittes Auge. Tue nichts anderes, als dieses wahrzunehmen und zu erspüren. Wie fühlt es sich an? Vielleicht ist ein Kribbeln oder ein Prickeln zu spüren? Ein Drücken oder Ziehen? Es geht nicht darum zu bewerten, was du empfindest, sondern nur um die bloße Wahrnehmung. Beobachte, ob sich etwas verändert, während du dich auf das dritte Auge konzentrierst. Kannst du dort vielleicht ein indigoblaues oder violettes Licht sehen? Oder spürst du die Rotation des Chakras? Was immer es ist – es ist gut so.

Verbleibe in dieser Position mit dem Fokus auf dem dritten Auge, solange es sich für dich gut anfühlt. Löse dich langsam davon, wenn du aus der Meditation zurückkehren möchtest.

Im Anschluss an diese Übung wirst du möglicherweise Vergleiche vornehmen können. Wie gut hat es heute funktioniert und wie war es gestern? Du wirst ein Gefühl dafür entwickeln, wann du Fortschritte machst beziehungsweise eine stärkere Verbindung zu deinem dritten Auge herstellst. Gleichzeitig wird sich durch diese Übung dein drittes Auge insgesamt mehr öffnen, sodass du auch außerhalb der Meditation eine stärkere Wahrnehmung für dieses gewinnst.

Wie auch sonst in der Meditation ist es bei dieser Übung wichtig, dass du ohne zu viel zu wollen an die Sache herangehst. Es wird Tage geben, an denen du meinst, Rückschläge zu erleben oder gar nichts zu spüren. Versuche, nicht ständig etwas messen zu wollen. Bleibe geduldig und genieße die ruhigen Momente, die diese Übung dir schenkt.

Übung 3: Reise zu deinem Kraftort

Mit der ersten Meditationsübung haben wir den Fokus auf die Wahrnehmung unseres physischen Körpers gelenkt. Die folgende Meditation ist eine Möglichkeit, um sich der Schau nach Innen und in andere Dimensionen zu widmen. Dabei liegt die Herausforderung darin, dass du nicht zu viel „Wollen" in die Übung steckst, sondern vielmehr geschehen lässt, was sich dir zeigen möchte.

Gleichzeitig eignet sich diese Meditation wunderbar, um wieder Kraft zu tanken.

Wichtig ist, dass du diese Übung nicht unter Zeitdruck durchführst. Andernfalls bist du für den Part der Innenschau nicht wirklich offen. Löse dich darüber hinaus von dem Laster der Ungeduld. Vielleicht musst du diese Meditation viele Male üben, bis sich wirklich etwas zeigt, während du dich der Stille widmest. Möglicherweise erlebst du aber auch schon sehr früh etwas, das dir zeigt, dass du dich auf dem Weg des spirituellen Erwachens befindest. An dieser Stelle kannst du nichts erzwingen. Bleibe entspannt und löse dich von jeglichem Gefühl der Zielerreichung.

Beginn der Meditation:

Lege oder setze dich entspannt hin. Wenn du möchtest, kannst du Musik anmachen, die dich zum Entspannen einlädt. Nun schließe deine Augen. Atme zehn Mal tief ein und aus und nimm dir Zeit, deinen Atem im Körper wahrzunehmen.

Stelle dir nun vor, du stehst auf einer grünen Blumenwiese. Um dich herum breitet sich ein Meer von bunten, duftenden Blumen und Gras aus. Der Himmel über dir ist blau und vereinzelte Wolken ziehen vorbei. Die Sonne scheint angenehm auf dein Gesicht und wärmt dich sanft. Du spürst einen leisen Windhauch auf deinen Wangen. Du streckst die Arme aus, um noch mehr Sonne und Wind in dir aufzunehmen. Unter deinen nackten Füßen spürst du das weiche Gras, das dich ein wenig kitzelt. Die Erde trägt dich und du bist dir deiner Verbindung mit ihr bewusst.

Nun schaust du dich weiter um und entdeckst in einigen hundert Metern Entfernung, am Rande der Wiese, einen Wald. Du gehst darauf zu. Beim Näherkommen werden die Bäume immer größer und du kannst das Rauschen der Blätter hören. In den Ästen nimmst du Vögel wahr, die fröhlich vor sich hinsingen. Die Bäume stehen sehr dicht aneinander, doch bei genauerem Hinschauen nimmst du einen kleinen Pfad wahr, der in das Innere des Waldes führt. Du machst dich auf den Weg, dem Pfad zu folgen.

Gehe eine Weile und nimm alles wahr, was um dich herum geschieht. Vielleicht siehst du Tiere? Hörst du Geräusche? Riechst du das Moos oder den hölzernen und erdigen Geruch des Waldbodens?

Nachdem du dem Pfad für eine gewisse Zeit gefolgt bist, lichtet sich der Wald vor dir. Die bisherige Dunkelheit der schattigen Bäume weicht einem hellen Licht. Vor deinen Augen öffnet sich nun eine große Lichtung mit einem kleinen See und einem Wasserfall. Du näherst dich dem Wasser und siehst, wie es indigoblau und klar vor dir liegt. Vielleicht hast du Lust, deine Füße oder Hände darin einzutauchen oder gar eine Runde schwimmen zu gehen? Wonach dir auch immer der Sinn stehen mag, um das Wasser zu spüren und dich mit ihm zu verbinden, gehe diesem Impuls nach.

Wenn du dich nach einer Weile erfrischt und ausgeruht fühlst, wende dich dem großen Felsen zu, den du möglicherweise erst jetzt am Rande des Sees entdeckst. Du kannst bequem darauf Platz nehmen.

Blicke auf das Wasser vor dir und spüre, wie sich eine tiefe Ruhe in dir ausbreitet. Vielleicht ziehen Gedanken vorbei, vielleicht kommen Bilder auf. Was auch immer geschehen mag, du sitzt einfach da und nimmst wahr, was geschieht; ohne ein besonderes Vorhaben, ohne eine bestimmte Intention. Verharre in dieser Stille, solange du magst.

Wenn es sich für dich gut anfühlt, löse dich aus deiner Position auf dem Stein und mache dich auf den Weg zurück. Du verabschiedest dich von dem Platz am See, in der Gewissheit, dass dies ein Kraftplatz für dich ist, an den du jederzeit und so oft, wie du möchtest, zurückkehren kannst. Dem Waldweg folgend, kehrst du zu der Wiese vom Beginn deiner Reise zurück. Atme noch einige Male tief ein und aus. Betrachte die Blumen um dich herum und spüre die Erde. Dann löst du dich sanft aber bestimmt aus der Meditation und kehrst wieder ins Hier und Jetzt zurück.

Meditieren mit Mantras

Das Wort „Mantra" kommt aus dem Sanskrit und meint übersetzt ‚Lied' oder ‚Hymne'. Es gibt Mantras, die nur aus einem Ton oder Wort bestehen, oder auch aus ganzen Strophen. Den gesungenen Mantras gemein ist, dass sie sich positiv auf Körper, Geist und Seele auswirken. Wie auch bei anderen Musikstücken spielt die jeweilige Melodie eine große Rolle, um die passende Wirkung zu erzeugen.

Das Mantra entfaltet seine Wirkung, indem es innerhalb der Meditation in einem bestimmten melodischen Rhythmus wiederholt wird. Hinter jedem Mantra steckt eine bestimmte Bedeutung. Eine wörtliche Übersetzung aus dem Sanskrit ist dafür nicht notwendig, sondern lediglich das Bewusstsein für dessen Inhalt. Das heißt, du solltest das, was du dort aussprichst, nicht rational verstehen, sondern vor allem fühlen können, um es in dir und der Welt zu manifestieren.

Mantras haben eine heilende Wirkung und spenden Kraft. Darüber hinaus unterstützen sie uns wunderbar dabei, uns der Meditation ohne Gedankenkarussell hinzugeben. Konzentrierst du dich auf ein Mantra und wiederholst es unablässig, wird die ihm entsprechende Energie aktiviert. Zusätzlich bleibt dir keine Gelegenheit, um in Gedanken abzudriften.

Das wohl bekannteste Mantra lautet „OM". Der Klang des OM stellt den Urklang des Universums dar und seine Schwingung verhilft dir zu Zentriertheit und innerer Harmonie. Nur wenigen ist bewusst, dass auch der jüdisch-christliche Glaube mit Mantras arbeitet, dazu gehört etwa das „Halleluja", welches so viel wie „Lobet den Herren" bedeutet.

Ein Mantra, das sich sehr gut zur Öffnung des dritten Auges eignet, ist das „Sa Ta Na Ma". Es steht für Geburt, Leben, Tod und Wiedergeburt und unterstützt uns darin, unsere Bestimmung in diesem Leben zu finden.

Es bringt Körper und Geist ins Gleichgewicht und schafft Raum für neue Glaubensmuster.

Du musst jedoch nicht ausschließlich mit einem Mantra arbeiten, das explizit das dritte Auge unterstützt. Das Singen eines Mantras selbst und das Wahrnehmen deiner eigenen Stimme haben unabhängig von der Wahl des Mantras eine Auswirkung auf dein spirituelles Erwachen.

Wenn du dir unsicher bist, wie die Mantras klingen sollen, können dir Lieder aus dem Internet oder CDs helfen. Mittlerweile gibt es sogar sehr bekannte Mantra-Sänger wie Deva Premal, die in Yogakreisen weltweite Berühmtheit erlangt hat. Sie unterstützen dich dabei, ein besseres Gefühl für Rhythmus und Aussprache zu bekommen.

Meditieren mit Mudras

Unter Mudras versteht man Gesten, mit Hilfe derer man Energien lenken kann. Am bekanntesten ist die Mudra „Namasté", die beim Yoga oder in anderen spirituellen Gruppen als Begrüßungsformel genutzt wird. Hierfür führt man die beiden Handflächen zur Gebetshaltung aneinander und hält sie vor das Herz.

Für das dritte Augen eignet sich besonders die Kalesvara Mudra. Hierfür legst du alle Fingerspitzen aneinander. Daumen und Mittelfinger berühren sich auch weiterhin an den Spitzen, doch Zeigefinger, Ringfinger und die kleinen Finger beugst du so, dass die Fingerglieder nun leicht gegeneinanderdrücken. Die Daumen zeigen nach unten und formen so ein Herz mit den anderen gebeugten Fingern.

Die Mittelfinger bleiben nach oben ausgerichtet. Hebe deine Hände nun auf Höhe deiner Stirn und konzentriere dich für einige Minuten auf dein drittes Auge.

Weitere Instrumente zur Öffnung des dritten Auges

Meditation ist eine wichtige Basis für die Öffnung des dritten Auges. Es gibt jedoch weitere Instrumente, die du sowohl innerhalb der Meditation als auch darüber hinaus einsetzen kannst, um dein spirituelles Erwachen zu fördern. Beschäftige dich eine Weile mit den unterschiedlichen Optionen und probiere aus, was dir zusagt und dich weiterbringt. Eine Mischung aus mehreren Instrumenten ist durchaus sinnvoll, gleichzeitig gibt es jedoch keine Checkliste, die du abhaken musst. Wie bei der Meditation kommt es auch hier auf deine individuellen Präferenzen an. Habe Freude am Ausprobieren und bleibe neugierig.

Affirmationen

Unter einer Affirmation – aus dem Lateinischen affirmatio ‚Beteuerung' – verstehen wir einen positiv formulierten und bestärkenden Satz. Dieser soll dabei helfen, alte Glaubensmuster zu verändern, Blockaden zu lösen und deine Visionen in der Welt Wirklichkeit werden zu lassen. Es gibt vorformulierte Affirmationen wie „Alles wird gut!" oder „Das Leben wird immer für mich sorgen". Noch besser ist es jedoch, wenn du deine Affirmation individuell selbst formulierst. Damit stellst du nicht nur sicher, dass sie zu hundert Prozent zu dir passt – die Auseinandersetzung mit deiner Affirmation ist durch die eigene Formulierung noch intensiver und in diesem Sinne auch wirksamer.

Damit sich eine Affirmation in unserer Welt manifestieren kann, ist es wichtig, den entsprechenden Satz so oft wie möglich zu wiederholen. Das kannst du in der Stille tun, noch besser ist es jedoch, wenn du ihm durch deine Stimme Raum gibst. Darüber hinaus solltest du deine Affirmation aufschreiben und an einer Stelle anbringen, an der du regelmäßig vorbeikommst.
Im Mentaltraining ist die Affirmation eines der am häufigsten eingesetzten Instrumente. Oft wird solch ein bejahender Satz von Sportlern oder Führungskräften eingesetzt, um das Selbstbewusstsein zu stärken. Genauso gut kann dich eine entsprechend formulierte Affirmation dabei unterstützen, dein drittes Auge zu öffnen.

Je nachdem, was dein Ziel ist und wo du noch Herausforderungen siehst, könntest du Affirmationen formulieren wie: „Ich vertraue auf meine Intuition", „Es fällt mir leicht, Entscheidungen zu treffen" oder „Ich finde den für mich passenden Kommunikationsweg mit der geistigen Welt".

Mit solchen Formulierungen stärkst du sozusagen dein Selbstbewusstsein in Bezug auf dein drittes Auge und somit auch auf dich und deine Fähigkeiten. Wichtig ist, dass du alle Zweifel beiseiteschiebst und wirklich an die Realisierung deiner Affirmation glaubst. Diese Energie, die dann mit deiner persönlichen Haltung einhergeht, ist sehr wichtig, um Affirmationen in der Welt realisieren zu können.

Yoga

Yoga ist mittlerweile zum Volkssport mutiert. In Fitnessstudios praktiziert, steht oft die körperliche Fitness im Vordergrund, in Gesundheitszentren hingegen mehr der Einklang von Körper, Geist und Seele. Man kann Yoga als ganzheitliches Trainingskonzept verstehen oder auch zur eigenen Lebensphilosophie erklären. Es gibt unterschiedliche Stile, Wege und Richtungen, doch darauf wollen wir an dieser Stelle nicht zu detailliert eingehen. Wir konzentrieren uns vielmehr auf einige Yoga-Übungen, die zur Stärkung und Öffnung des dritten Auges beitragen können.

Wer Yoga bereits praktiziert, wird die hier vorgestellten Übungen wahrscheinlich kennen. Vielleicht wusstest du bisher nur nicht, dass du damit unter anderem dein drittes Auge stärkst?!

Wer noch unerfahren ist, sollte vor den drei hier aufgezeigten Übungen keine Scheu zeigen und sie einfach ausprobieren. Der Besuch eines Yoga-Kurses oder einer Einzelstunde kann dich hierbei zusätzlich unterstützen.

Atemtechnik „Nadi Shodana Pranayama"

Die Atemtechnik „Nadi Shodana Pranayama" ist eine Übung, die sich von jedem gut umsetzen lässt. Diese Wechselatmung reinigt deine Chakren und somit auch das dritte Auge, wodurch sich dein Geist beruhigt. Die Übung ist daher besonders vor dem zu Bett gehen zu empfehlen.

Setze dich aufrecht in den Schneidersitz oder auf einen Stuhl, wenn dies bequemer für dich ist. Nun nimmst du den Daumen deiner rechten Hand und verschließt damit dein rechtes Nasenloch, indem du den Nasenflügel mit der Fingerkuppe sanft verschließt. Das linke Nasenloch verschließt du ebenso mit dem Ringfinger und dem kleinen Finger. Zeige- und Mittelfinger ruhen entspannt in deiner Handfläche. Deine linke Hand legst du am besten auf den linken Oberschenkel ab, so dass der Handrücken nach oben zeigt. Nun beginnt die Atemübung. Löse die Finger von deinen Nasenflügeln und atme einige Male tief ein und aus. Verschließe dann das rechte Nasenloch und atme mit dem linken tief und lautlos ein. Verschließe mit dem Ende deiner Einatmung auch das linke Nasenloch. Halte kurz den Atem an. Löse dann den Daumen vom rechten Nasenflügel, sodass du über die rechte Seite ausatmen kannst. Anschließend atmest du über das geöffnete rechte Nasenloch wieder ein, hältst kurz den Atem an, indem du beide Seiten verschließt, und atmest über links aus.

Diese Übung wiederholst du einige Male. Beginne mit zehn Atemzügen und steigere dich dann langsam. Diese Übung kannst du beliebig oft trainieren.

Ardhana Chandrasana – der Halbmond

Diese Übung ist den Yogapraktizierenden sicherlich bekannt. Ardhana Chandrasana, der Halbmond, ist eine Übung für Standfestigkeit und Gleichgewicht.

Gleichzeitig hebt sie die Stimmung und zaubert uns ein Lächeln ins Gesicht. Yogaeinsteiger werden bei dieser Übung vor allem erkennen, wie schnell eine Haltung unsere Energie verändern und sich etwas Neues entfalten kann. Der Halbmond wirkt sich auf das dritte Auge aus, weil er unsere seelische und körperliche Stabilität in Einklang bringt.

Den entscheidenden Halt bei dieser Übung bietet ein gerade nach vorn gerichtetes Standbein. Dann setzt du deine Fingerkuppen etwa 30 Zentimeter vor diesem ab und hebst dein anderes Bein nach hinten. Öffne deine Hüften weit und drehe sie gemeinsam mit deinen beiden Oberschenkeln nach außen, während sich dein Oberkörper zur Seite öffnet und so eine Linie mit dem angehobenen Bein bildet. Wenn du deinen Stand als stabil empfindest, öffnest du deinen oberen Arm senkrecht nach oben und richtest deinen Blick zu der entsprechenden Hand.

Ein Klotz unter deiner stabilisierenden Hand am Boden kann dir helfen, die Balance besser zu halten.

Balasana – die Stellung des Kindes

Balasana, die Stellung des Kindes, ist die klassische Entspannungsposition im Yoga und wird oftmals zwischen einzelnen Übungen eingenommen. Ziel der Stellung ist nicht nur die körperliche Entspannung von Rücken und Schultern, sondern ebenso das Loslassen von Stress und Gedanken. Balasana bietet die Möglichkeit, dich ganz auf dich selbst zu konzentrieren und deiner Seele Raum zu bieten.

Begib dich für die Stellung des Kindes in den Fersensitz. Beuge nun deinen Oberkörper nach vorne und lege ihn auf deinen Knien ab. Deine Stirn berührt den Boden. Deine Arme kannst du entweder entspannt nach vorne strecken und die Hände dort flach auf den Boden legen, dabei dehnst du Schultern und Rücken ein wenig mehr in die Länge; alternativ kannst du die Arme auch nach hinten strecken und an deinen Seiten ablegen, die Handflächen weisen nach oben. Verweile mindestens dreißig Sekunden in dieser Haltung und beobachte deinen Atem.

Das dritte Auge durch Sport fördern

Natürlich gibt es noch weitere Yoga-Übungen, die eine Öffnung des dritten Auges fördern. Allgemein ist Yoga ein gutes Mittel für all diejenigen, die ein spirituelles Erwachen anstreben. Wie wir bereits festgestellt haben, ist eine Balance von Körper, Seele und Geist jedoch insgesamt sehr wichtig, weshalb auch jeder andere Sport gut für das dritte Auge ist. Am besten überlegst du dir daher stets, was du mit deiner Aktivität anstrebst und wie eine Öffnung des dritten Auges gefördert werden könnte.

So haben zum Beispiel viele Sportarten das Ziel, das Denken für die Zeit des Trainings auszuschalten und in das reine Körpergefühl einzutreten.

Wer schon einmal joggen, schwimmen oder Fahrrad fahren war und dabei in einen richtigen Flow gekommen ist, bei dem es nur noch um die Bewegung ging und alles andere ausgeblendet wurde, der hat ein perfektes Beispiel dafür, was eine gute Meditation ausmacht. Sport kann somit ein gutes Instrument sein, um in die Gedankenleere zu kommen.

Andere Sportarten, wie Tennis, Volleyball oder auch Fußball, können uns helfen, die Intuition zu stärken. Unser Reaktionsvermögen wird in solchen Sportarten derart gefordert, dass keine Zeit zum Nachdenken bleibt. Es geht vielmehr darum, eine Chance wahrzunehmen und direkt umzusetzen. Jedes Zögern würde bestraft werden und dem Gegner einen Vorteil verschaffen.

Kampfsportarten haben wiederum den Vorteil, dass sie nicht nur unseren Körper trainieren, sondern gleichzeitig Werte und Haltung eine große Rolle einnehmen. Meditation etwa bildet oftmals einen essenziellen Bestandteil des Trainings von Karate, Judo, Kung Fu und vielen anderen Kampfkünsten.

Erinnerungstraining für dein drittes Auge

Zwar weniger körperlich fordernd, aber nicht bedeutungsloser für die Öffnung des dritten Auges ist das Erinnerungstraining. Im Laufe unseres Lebens wird das dritte Auge durch negative Erlebnisse, die in Verbindung mit diesem Chakra stehen, zunehmend geschwächt. Wie muss ich mir das vorstellen?

Nehmen wir zum Beispiel ein Kind, das immer wieder gesagt bekommt, seine Träume seien unrealistisch. Es solle lieber gut in der Schule sein und dann eine Lehre bei der Bank machen, anstatt darüber nachzudenken, wie es ein erfolgreicher Maler werden könnte. Das Kind wird an dieser Stelle seiner Visionen beraubt. Es hört wahrscheinlich auf, sich immer wieder vorzustellen, wie das Leben als Maler aussehen könnte, bis es schließlich den besagten Bürojob bei der Bank antritt, um damit anständiges Geld zu verdienen.

Durch viele solcher oft unbewussten Erlebnisse blockieren wir unser drittes Auge zunehmend. Es gibt jedoch eine sehr schöne, leicht umsetzbare und zugleich sehr wirksame Methode, um das dritte Auge positiv aufzuladen.
Wir müssen es dafür schlichtweg bewusst mit positiven Erinnerungen füttern.
Wähle dir hierfür einen ruhigen Ort. Entspanne dich, atme ein paar Mal tief ein und aus und sei dir gewiss, dass du deiner Intuition und deinen inneren Bildern vertrauen darfst. Lies dir anschließend die folgenden Fragen durch und wähle spontan eine aus, die dich am meisten anspricht.

Stelle dir diese Frage selbst immer wieder und finde Antworten, bis dir nichts mehr einfällt.

Die Fragen, die es zu beantworten gilt, sind:

1. An welchen Zeitpunkt von Erkenntnis erinnerst du dich?
2. An welchen Zeitpunkt von Intuition erinnerst du dich?
3. An welchen Zeitpunkt, an dem dir etwas Gutes zugefallen ist, erinnerst du dich?
4. An welchen Zeitpunkt von Wachheit erinnerst du dich?
5. An welchen Zeitpunkt, an dem du dich als Teil eines Ganzen gefühlt hast, erinnerst du dich?
6. An welchen Zeitpunkt, an dem du einen Teil deiner Berufung gespürt hast, erinnerst du dich?

Sprich die Frage und die Antwort laut aus, damit sie Raum im Hier und Jetzt finden. Wichtig bei der Übung ist, dass du nicht zu verkopft an die Sache heran gehst.
Die Antwort, die zuerst in deinen Kopf schießt, darf ausgesprochen werden. Sie muss dir dabei nicht logisch erscheinen. Versuche nicht, die Qualität deiner Antworten zu bewerten – sprich einfach aus, was dir intuitiv in den Sinn kommt. Du kannst die ausgewählte Frage und deine Antworten auch schriftlich festhalten. Damit manifestierst du das Ganze noch einmal stärker in deiner Erinnerung.

Du kannst die Übung beliebig oft machen, pro Durchgang nur eine oder auch mehrere Fragen angehen. Wichtig ist, dass du wirklich solange nach Antworten suchst, bis du in dem Moment keine mehr findest. Die dadurch hervorgeholten positiven Erinnerungen stärken dein Selbstbewusstsein, dein Vertrauen in deinen Seelenplan und wirken sich somit positiv auf dein spirituelles Erwachen aus.

Arbeiten mit Orakel-Karten

Wer an Tarot- oder Orakel-Karten denkt, mag im ersten Moment eine Frau vor Augen haben, die in die Zukunft blicken kann. Dabei verkörpern die Karten weit mehr als das: Sie sind ein weiteres Instrument zur Unterstützung deines spirituellen Erwachens. Es handelt sich um Kartensets, die Antworten oder Hinweise aus der geistigen Welt für dich bereithalten. Orakel-Karten gibt es zu unterschiedlichen Themen und von verschiedenen Geistführern. Engel, Naturgeister, aufgestiegene Meister, Einhörner, Krafttiere und viele weitere Wesen aus anderen Dimensionen stehen dir hier zur Verfügung.

Auch hier gilt wieder: Es kommt auf deine individuelle Präferenz an, welche Karten für dich die richtigen sind. Viele können nichts mit Meerjungfrauen anfangen, dafür aber mit schamanischen Symbolen. Es gibt Karten mit heilenden Zeichen oder auch Seelenbotschaften aus der allgemeinen geistigen Welt. Schaue dich in einem Laden oder im Internet um und lasse dich inspirieren. Du wirst dich intuitiv für die zu dir passenden Orakel-Karten entscheiden.
Jede einzelne Karte im Set trägt eine Bedeutung und hält verschiedene Informationen für dich bereit. Meistens liegt dem Kartenset noch ein kleines Buch bei, das dich über die jeweilige Karte und ihre Bedeutung aufklärt. Manchmal findest du Text auf den Karten oder aber nur Bilder, deren Botschaft du erst im beiliegenden Buch nachschlagen musst.

Unabhängig von der Wahl des Kartensets verfügst du hiermit über ein wunderbares Instrument, um mit deinem Unterbewusstsein in Kontakt zu treten und die Stimmen aus anderen Dimensionen wahrzunehmen. Das Gute daran ist, dass die Botschaften auf eine uns sehr vertraute Weise übermittelt werden: Wir können sie ganz gewohnt in unserer Sprache und mit unseren physischen Augen von den Karten ablesen. Du benötigst dafür keine besondere Ausbildung als Kartenleger oder ähnliches. Ein Beispiel soll dir die Arbeit mit Kartensets am besten verdeutlichen.

Gut einsetzbar sind Orakel-Karten, wenn dich gerade eine bestimmte Frage umtreibt, zum Beispiel wie du deine berufliche Zukunft weiter ausgestalten sollst. Nimm in einer ruhigen Minute dein Kartenset zur Hand und mische die Karten gut durch. Formuliere dabei deine Frage so klar und konkret wie möglich. Vermeide Fragen, die sich mit Ja oder Nein beantworten lassen. Wenn es sich gut und richtig anfühlt, fächerst du die Karten mit der rechten Hand oder vor dir liegend mit dem Bild nach unten auf. Nun ziehst du intuitiv – mit geschlossenen Augen, wenn du möchtest – eine Karte. Spüre noch einmal in deine Frage hinein und decke die Karte auf, um sie zu betrachten.

Nehmen wir an, du hast ein Kartenset mit Krafttieren ausgewählt. Nun zeigt dir die gezogene Karte einen Schmetterling. Lasse das Bild erst einmal auf dich wirken. Bevor du zu dem Buch greifst, das dir die Karte erläutert, frage dich erst einmal selbst, was dieses Tier dir als Antwort auf deine Frage sagen möchte.

Achte dabei ebenso auf die Gestaltung der Karte, beispiels-weise deren Farbe oder weitere abgebildete Elemente. Nachdem du selbst in dich hineingespürt und überlegt hast, welche Antwort dir die Karte bedeuten möchte, kannst du das entsprechende Buch zu Rate ziehen. Du würdest dort etwa erfahren, dass der Schmetterling für Leichtigkeit steht, aber auch für eine bevorstehende Metamorphose. Nun ist es an dir, diese Information mit deiner individuellen Situation zu verknüpfen. Die Karte liefert an dieser Stelle vor allem Impulse. Sie spendet aber auch Vertrauen, weil sie möglicherweise bestätigt, was du schon lange vermutet hast.

Manchmal treffen Botschaften so genau auf den Punkt, dass es dir unheimlich erscheinen mag. Hast du etwa Streit mit einer dir nahestehenden Person, ziehst du vielleicht eine Karte zum Thema Kommunikation. Solche Ereignisse stärken dein drittes Auge besonders, weil du daran erken-nen kannst, wie einfach es ist, mit der geistigen Welt und deinem Inneren in Verbindung zu treten.

Auf diese Weise tragen Orakel-Karten in verschiedenen Va-rianten zum spirituellen Erwachen bei. Wenn wir uns fra-gen, was die Karten uns sagen möchten, fördert das unsere Intuition. Sie ermöglichen eine einfache Art der Kommuni-kation mit der geistigen Welt und verdeutlichen, dass die Antworten im Universum bereits vorliegen. Orakel-Karten können uns somit nicht nur Impulse, sondern auch Mut schenken, um einen bestimmten Schritt zu wagen.

Die Möglichkeiten des Karteneinsatzes sind vielfältig. Wie beschrieben, kannst du eine bestimmte Frage stellen. Du kannst es dir aber auch zum Ritual machen, morgen oder abends eine Tageskarte zu ziehen, die dich dann begleitet und inspiriert. Du kannst auch eine Karte vor der Meditation ziehen und etwa um eine Botschaft dieses Geistführers in der folgenden Meditation bitten. In vielen Begleitbüchern findest du darüber hinaus bestimmte Legemuster, die über das Ziehen einer einzelnen Karte hinausgehen und auf bestimmte Absichten (zum Beispiel Umgang mit einer bestimmten Situation, Lebensrad, Partnerschaft usw.) ausgerichtet sind.

Wie intensiv du mit deinem Kartenset arbeitest, kann sich über die Zeit wandeln. Ob es ein fester Bestandteil deines Lebens wird oder nur einmal im Monat zum Einsatz kommt, spielt keine Rolle. Es soll sich für dich gut anfühlen. Du kannst jedoch gewiss sein, dass mit jedem Einsatz der Orakel-Karten die Öffnung deines dritten Auges voranschreitet.

Farben

Wie auch den anderen Chakren wird dem dritten Auge eine Farbe zugeordnet: ein dunkles Violett oder Indigoblau. Diese gelten als Farben der Spiritualität und des Geistes. Sie beeinflussen unser Unterbewusstsein und werden in der Farbtherapie zum Beispiel bei tiefenpsychologischen Problemen eingesetzt, aber auch bei Migräne oder Schlafstörungen.

Vielleicht kannst du mit der Zeit diese Farben selbst in deinem dritten Auge wahrnehmen. Dein spirituelles Erwachen unterstützt du, indem du dich mit diesen Farben umgibst. Stelle zum Beispiel eine violette Kerze auf, trage ein indigoblaues Stirnband oder pflücke Blumen in den entsprechenden Farben.

Düfte: Ätherische Öle und Räuchern

Einer unserer Sinne, der bei der Öffnung des dritten Auges nicht vergessen werden darf, ist unser Geruchssinn. Über ihn vermögen verschiedene Düfte Einfluss auf unsere Gehirnaktivität, den Sauerstoffgehalt oder unser limbisches System zu nehmen. Je nach Wahl des Duftes können demnach verschiedene Wirkungen in unserem Körper erzeugt und darüber hinaus Einfluss auf Geist und Seele genommen werden.

Wenn wir von Duft sprechen, dann ist im spirituellen Sinne vor allem eines gemeint: der Duft von Pflanzen in verschiedenen Formen und Varianten.

Du hast vielleicht schon selbst erlebt, wie dich bei einem Spaziergang durch den Wald der ganz eigene Geruch von Bäumen und Erde zur Ruhe bringt. Oder du hast dich erfrischt und lebendig gefühlt, nachdem du über eine Blumenwiese gelaufen bist und den Duft der verschiedenen Blüten in dir aufgesogen hast.

Pflanzen und ihre Heilkräfte sind wahrscheinlich so alt und bekannt wie die Menschheit selbst. Ihre Wirkung auf Körper und Emotionen ist vielseitig, ebenso wie ihre Verarbeitung und Verwendung. Verbunden mit der Kraft von Pflanzen und ihren Essenzen, bewirken Düfte Wunder für Körper, Geist und Seele. Wir wollen an dieser Stelle ein besonderes Augenmerk auf ätherische Öle und das Räuchern legen, da beide einfach handhabbare wie wirkungsvolle Instrumente zur Öffnung unseres dritten Auges darstellen.

Ätherische Öle

In ätherischen Ölen findet man aromatische, sich verflüchtigende Flüssigkeiten aus der Pflanzenwelt (Blumen, Kräuter, Bäume usw.) mittels Wasserdampfdestillation extrahiert und hochkonzentriert. Ein Tropfen Pfefferminzöl entspricht zum Beispiel 21 Beuteln Pfefferminztee. Ätherische Öle sind daher deutlich wirkungsvoller als etwa getrocknete Pflanzen und sollten nicht unterschätzt werden. Eine Dosierung mit Maß ist unabdingbar. Der Duft der ätherischen Öle hat eine sehr starke Wirkung auf uns. In der Heilkunde sprechen wir bei der Behandlung mit ätherischen Ölen von einer Aromatherapie.

Wir werden sogleich auf die konkrete Handhabung ätherischer Öle im Sinne des dritten Auges eingehen. Vorab jedoch noch ein wichtiger Hinweis: Bitte achte unbedingt darauf, dass du ausschließlich Öle verwendest, die nach therapeutischem Standard erzeugt wurden. Das heißt, sie dürfen keinerlei synthetische oder andere minderwertige Stoffe enthalten. Die hier beschriebene Wirkung betrifft ausschließlich die zu hundert Prozent reinen ätherischen Öle. Die Öle, die du für kleines Geld in Drogerie- und Supermärkten erwerben kannst, fallen in der Regel alle durch diese Qualitätsprüfung.

Ätherische Öle in der Anwendung: Diffusion

Eine wunderbare Möglichkeit der Nutzung ätherischer Öle ist durch die Kaltluftdiffusion gegeben. Vermischt mit Wasser, geben Diffusoren wenige Tropfen ätherischen Öls in den gesamten Raum ab, in dem sie sich befinden. Dadurch verbessert sich nicht nur die Raumluft im Sinne des Geruchs und der Abtötung von Bakterien, Pilzen und Schimmel – die Verbreitung des Öls mit Hilfe dieser Methode verändert insgesamt die Energie in einem Raum und wirkt sich somit auf alle Personen aus, die sich darin befinden.

In der Nacht profitieren so zum Beispiel alle im Raum von dem Einsatz eines beruhigenden Öls. Wenn du die Konzentration deiner Kinder bei den Hausaufgaben fördern wolltest, würdest du ein entsprechendes Öl einsetzen und den Diffusor in dem Raum platzieren, wo diese arbeiten.

Während der Meditation reinigt der Diffusor wunderbar den Raum, in dem du meditierst, und verschafft dir den entsprechenden Rahmen für die innere Einkehr.

Gewarnt wird an dieser Stelle allerdings vor dem weit verbreiteten Einsatz von Öllampen mit Wasserstövchen. Bei diesen erhitzt eine Kerze ein Gefäß, in dem sich Öl und etwas Wasser befinden. Aus therapeutischer Sicht erzielt man hiermit nicht den gewünschten Nutzen, da das Erhitzen des Öles dessen Struktur so verändert, dass es nicht mehr die ursprüngliche Wirkung entfalten kann. Darüber hinaus werden auf diese Weise oftmals Giftstoffe freigesetzt.

Wer nicht direkt in einen Kaltluftdiffusor investieren, jedoch einen ähnlichen Effekt im Raum erzeugen möchte, der kann das Öl in eine Sprühflasche mit Wasser geben und die Mischung als Raumspray benutzen. Ebenso kannst du ein Taschentuch mit Öl beträufeln und unter dein Kopfkissen legen.

Ätherische Öle in der Anwendung: auf dem Körper

Eine weitere Anwendungsmöglichkeit ätherischer Öle ist das Auftragen auf den Körper. Bekannt ist diese Art der Aromatherapie aus der Massagepraxis, in der ein Trägeröl mit einem bestimmten ätherischen Öl vermischt wird, um etwa Spannungen zu lösen. Weiterhin kannst du einen Tropfen ätherischen Öls in deine Fußsohlen einmassieren, auf deinen Handgelenken verreiben oder ins Badewasser geben.

Besonders während der Meditation bietet es sich an, dass du einen Tropfen Öl auf dein drittes Auge aufträgst. Hierbei aber bitte absolute Vorsicht walten lassen: Das Öl darf nicht in die Augen kommen. Da Hautirritationen bei den hochkonzentrierten Ölen nicht untypisch sind, beginne erst einmal damit, dass du einen Tropfen des ätherischen Öls mit ein bis fünf Tropfen Trägeröl (etwa Sonnenblumen- oder Mandelöl) vermischst.

Räuchern

Im Zusammenhang mit Meditation und Duft hat das Räuchern getrockneter Pflanzen eine lange Tradition. Ursprünglich wurden Kräuter, Wurzeln und Harze auf der glühenden Asche eines Feuers verbrannt. Die dadurch freiwerdende Energie kann genutzt werden, um mit feinstofflichen Wesen in Kontakt zu treten. Darüber hinaus reinigt der Rauch die Luft von negativen Energien.

Im Vergleich zur Nutzung ätherischer Öle spielt beim Räuchern das Element des Feuers eine große Rolle. Es dient als Transformator und seine Kraft liegt als zusätzliche Information in dem Rauch verborgen. Wie bei der Diffusion hat das Räuchern nicht nur Auswirkungen auf dich selbst, sondern natürlich auch auf das entsprechende Umfeld beziehungsweise den Raum, in dem sich der Rauch entfaltet.

Räuchern in der Anwendung

Der einfachste Weg, um das Räuchern auszuprobieren, ist der Gebrauch von Räucherstäbchen. Diese bekommst du heute in vielerlei Läden, seien es Esoterikläden, Biomärkte oder diverse Online-Shops.

Wie bei den ätherischen Ölen gilt auch hier ein absolutes Gebot der Qualitätskontrolle, das synthetische Inhaltsstoffe ausschließt.

Wenn du bereits etwas vertrauter mit dem Thema Räuchern bist, möchtest du vielleicht lieber mit getrockneten Pflanzen selbst arbeiten. Diese kannst du verbrennen, indem du dir ein Stövchen holst, auf dem du ein feuerfestes Sieb platzierst. In dieses kommt nun ein halber Teelöffel Räucherwerk hinein und darunter wird ein Teelicht entzündet, das für das Verbrennen der Pflanzen sorgt.

Eine andere Möglichkeit der direkten Verbrennung ist die Verwendung glühender Kohle. Wenn du im Garten ein Feuer gemacht hast, welches schon dabei ist zu verglimmen, kannst du damit Räuchern. Im Handel erhältst du aber auch Kräuterkohle. Diese besteht aus getrocknetem Kuhdung und Kräutern, die fest zusammengepresst wurden. In einer feuerfesten Schale platziert, kannst du Kräuterkohle ohne Sorge im Haus entzünden. Es dauert wenige Minuten, dann ist die Kohle durchgezogen und heiß genug, dass du Räucherwerk darauflegen kannst.

Die Düfte für das dritte Auge
Unabhängig davon, ob du mit ätherischen Ölen oder mit Räucherwerk arbeiten möchtest, eignen sich die folgenden Pflanzen zur Unterstützung und Öffnung des dritten Auges: Anis, Basilikum, Zitronengras, Jasmin, blaue Kamille, Lavendel, Myrte, Pfefferminz, Rosmarin, Wacholder, Zitrone, Weihrauch, Myrrhe und Sandelholz.

Am besten lässt du deine Nase entscheiden, welcher Duft gerade der richtige für dich ist. Rieche an den verschiedenen Düften und wähle intuitiv, was dich im Moment am meisten anspricht. Natürlich setzt dieses Vorgehen voraus, dass du Zugang zu mehreren Optionen hast. Möchtest du erst einmal mit dem Erwerb eines Duftes beginnen, können dir die folgenden Beschreibungen der einzelnen Pflanzen Hilfestellung leisten.

Anis
Anis vermag emotionale Blockaden zu lösen und lädt unsere Lebensenergie neu auf.

Basilikum
Körperlich wirkt Basilikum gegen Migräne, auf geistiger Ebene bekämpft es emotionale Erschöpfung.

Zitronengras
Zitronengras, auch Citronella, unterstützt dich bei Atemwegserkrankungen, aber auch bei Angst-zuständen. Es wirkt erfrischend und erbaulich.

Jasmin
Jasmin wirkt beruhigend und erbaulich und wird daher gern gegen Angstzustände und Depressionen eingesetzt. Es löst Menschen aus einer gleichgültigen und lustlosen Haltung.

Echte Kamille

Der Duft der echten Kamille wirkt entspannend und vermag Wut zu lösen. Die echte Kamille hilft uns, alte Emotionen loszulassen und klärt unseren Geist.

Lavendel

Lavendel unterstützt Atemwegserkrankungen und wirkt allgemein beruhigend auf den Geist, weshalb es bei Schlafstörungen oder Gedankenchaos eingesetzt wird.

Myrte

Körperlich unterstützt Myrte das Abschwellen der Nebenhöhlen, emotional sorgt der Duft für Euphorie und Zuversicht.

Pfefferminz

Pfefferminz ist ein belebender Duft, der dir hilft, deine Konzentration zu fördern. Darüber hinaus wirkt er Kopfschmerzen entgegen und macht Nase und Nebenhöhlen wieder frei.

Rosmarin

Rosmarin stärkt unsere Klarheit und Konzentrationsfähigkeit. Außerdem werden mit seinem Duft negative Energien abgewehrt.

Wacholder

Im Mittelalter wurde Wacholder als Schutz vor bösen Geistern verwendet. Er unterstützt bei körperlichen Entgiftungsprozessen (zum Beispiel der Zirbeldrüse) und schafft ein Gefühl von Liebe und Frieden.

Zitrone

Die Zitrone verbessert unser Gedächtnis und sorgt mit ihrem warmen, erfrischenden Duft für geistige Klarheit und Zielgerichtetheit.

Weihrauch

Weihrauch ist für seine salbenden und heilenden Kräfte bekannt. Es ist ein Öl, das unser spirituelles Bewusstsein zu stärken vermag und wird gern in der Meditation eingesetzt.

Myrrhe

Myrrhe fördert unser spirituelles Bewusstsein und stimuliert die Zirbeldrüse sowie unser limbisches System, welches unter anderem für unsere Erinnerungen sowie Emotionen zuständig ist.

Sandelholz

Sandelholz regt wie Myrrhe die Zirbeldrüse und das limbische System an. Sein erdiger Duft ist seit Jahrhunderten bei Yoga und Meditation im Einsatz.

Neben diesen hier aufgelisteten einzelnen Pflanzen gibt es sowohl bei ätherischen Ölen als auch bei Räucherstäbchen spezielle Mischungen, die explizit auf die Unterstützung des dritten Auges ausgerichtet sind. Je nach Hersteller findest du hier unterschiedlichste Angebote. Probiere einfach aus, ob du besser mit einzelnen Düften oder mit Mischungen zurechtkommst.

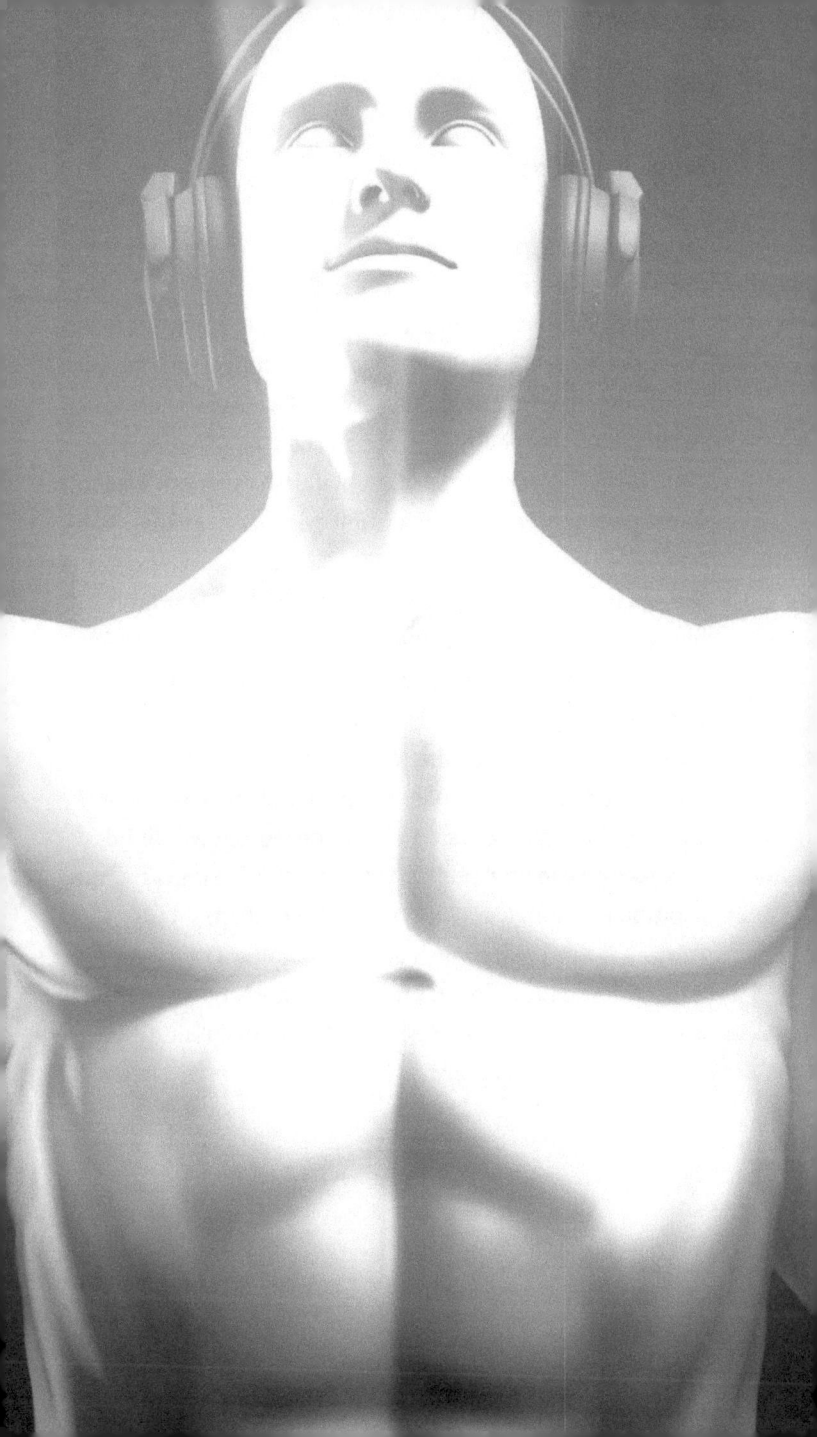

Musik und Klänge

So wie unser Geruchssinn Einfluss auf das dritte Auge nehmen kann, ist unser Gehör ein weiterer Kanal zur Unterstützung des spirituellen Erwachens. Klängen, die auf einer
Frequenz von 432 Hz – der sogenannten Gottes-Frequenz
– schwingen, wird eine bewusstseinserweiternde Wirkung
nachgesagt. Das heißt, dass mit solchen Tönen oder Melo-
dien nicht nur unser Geist beeinflusst, sondern unsere
übersinnlichen Fähigkeiten gezielt gesteigert werden können.

Die entsprechende Musik kannst du dir aus dem Internet
heraussuchen. Entweder nutzt du sie während deiner Meditation oder aber um dich davon in den Schlaf geleiten zu
lassen. Je öfter du Töne in dieser hohen Frequenz hörst,
umso leichter wird dir das Wahrnehmen mit dem dritten
Auge fallen. Zum einen bilden die Töne dabei eine Art Ver-
stärker, das heißt, dass dir, während du die Musik hörst,
Fähigkeiten wie übersinnliche Wahrnehmung und Kommunikation mit der geistigen Welt leichter fallen.

Zum anderen stellen die Töne gleichzeitig Öffner dar, in
dem Sinne, dass du nach einer Weile auch ohne laufende
Musik stärker ausgeprägte Fähigkeiten bezüglich des dritten Auges abrufen kannst.

Heilsteine

Die Arbeit mit Heilsteinen hat sich in der Naturheilkunde zur Unterstützung körperlicher wie seelischer Aspekte bewährt. Schon in Büchern der Antike findet man hierzu Aufzeichnungen. Die folgenden fünf Steine stehen in Verbindung mit dem dritten Auge und finden in diesem Bereich vermehrt ihren Einsatz. Die Wirkung von Heilsteinen ist sehr vielfältig, daher konzentrieren wir uns an dieser Stelle auf die Aspekte, die uns im Zuge des spirituellen Erwachens weiterhelfen. Wer sich näher mit dem Thema auseinandersetzen möchte, der sollte ergänzend ein Buch über Heilsteine hinzuziehen. Hier erfolgt daher nur eine kurze Beschreibung der fünf für uns relevanten Steine.

Die Heilsteine zur Unterstützung des dritten Auges
Lapislazuli

Der Lapislazuli ist ein azurblauer Stein, der für Vertrauen (in uns selbst, andere Menschen sowie in die göttliche Fügung) steht. Er verhilft uns beim Ausdruck unserer Gefühle, was vor allem positive Auswirkungen auf Partnerschaften mit sich bringt. Der Lapislazuli fördert zudem unsere Intuition und unseren klaren Verstand.
In unserem Körper hat der Heilstein vor allem Einfluss auf die verschiedenen Drüsen, zugleich löst er Krämpfe und Kopfschmerzen. Hildegard von Bingen beschrieb, wie mit dem Lapislazuli verschiedene Augenkrankheiten, etwa Star oder Entzündungen, geheilt werden können.

Zudem erläuterte sie, dass dieser Stein uns zu mehr Wissen, Erkenntnis und Aufmerksamkeit verhelfen kann.

Sodalith

Der Sodalith gilt als kleiner Bruder des Lapislazuli, da er mineralogisch mit diesem verwandt ist. Der dunkelblaue Stein mit weißen Einschlüssen unterstützt uns in der Findung und Festigung unserer eigenen Identität. Er verhilft uns zu innerer Ordnung und fördert das Streben nach Wahrheit und Freiheit. Dabei schenkt er uns Mut, Selbstbewusstsein und Ausdauer. Körperlich wirkt er besonders auf unsere Drüsen und die Hormonbildung.

Amethyst

Der violette Amethyst hat die Fähigkeit, unseren Geist zu reinigen. Er stärkt unsere Konzentration, hilft bei Lernschwierigkeiten und verbessert die Entscheidungsfindung. Der Amethyst fördert Sanftmut, sorgt für innere Ruhe und regt die Fantasie an. Im Raum liegend, reinigt er die vier Wände von negativen Energien. Er ist der ideale Stein für Migräne- und Kopfschmerzpatienten. Bei Hildegard von Bingen fand er außerdem Anwendung bei Hautproblemen.

Sugilith

Der Sugilith hat eine violette bis rote Farbe. Er verhilft uns im Leben zu mehr Gradlinigkeit sowie Eigenverantwortung und spendet Kraft für anstehende Herausforderungen aller Art.

Der Sugilith ist der ideale Stein für einen Neubeginn und ein treuer Begleiter auf dem Weg zur Selbstverwirklichung. Darüber hinaus hat sich der Stein zur Überwindung von Ängsten und Kummer bewehrt.

Azurit

Der blaue Azurit sorgt dafür, dass wir Dinge hinterfragen, die wir bisher als selbstverständlich angenommen haben. Auf diese Weise unterstützt er uns dabei, den Wandel etablierter Meinungen und Glaubenssätze zuzulassen. Der Azurit fördert nicht nur unser geistiges Wachstum, sondern unterstützt auf körperlicher Ebene die Gehirntätigkeit und die Heilung bei Entzündungen.

Die Arbeit mit den Heilsteinen

Es gibt verschiedene Möglichkeiten, mit Heilsteinen zu arbeiten. So kannst du zum Beispiel einen zu dir passenden Stein über einen längeren Zeitraum an dir tragen (als Kette oder in der Hosentasche). Du kannst den Stein aber auch unter dein Kopfkissen oder auf deinen Nachttisch legen. Vielleicht legst du den Stein während der Meditation im Liegen auf dein drittes Auge oder hältst ihn in der Hand, wenn du sitzend meditierst.

Hildegard von Bingen beschreibt, dass Heilsteine für einige Minuten in den Mund genommen werden sollen, um die entsprechende Wirkung zu zeigen. Energetisch wirken die Heilsteine dabei am besten, wenn man sie am Morgen auf nüchternen Magen in den Mund legt.

Physische Beschwerden können anschließend zusätzlich mit dem Speichel behandelt werden.

Welcher dieser Steine der richtige für dich ist, kann nicht pauschal beantwortet werden. Gut ist, wenn du hier deiner Intuition folgst. Wähle zum Beispiel den Stein, der dich beim Lesen der Beschreibungen am meisten angesprochen hat. Eine andere Option besteht darin, in einem Laden alle Steine anzuschauen und in die Hand zu nehmen, um dann zu spüren, welcher Stein sich aktuell für dich eignet. Im Laufe deiner Arbeit mit dem dritten Auge kann es sein, dass du den Stein wechseln musst. Höre auch hier am besten auf dein Gefühl, um den Zeitpunkt des Wechsels wahrzunehmen.

Heilsteine entladen, reinigen und aufladen
Unabhängig davon, mit welchem dieser Steine du arbeitest, ist es wichtig, dass du deinen Stein regelmäßig energetisch entlädst, reinigst und anschließend wieder auflädst. Im folgenden Abschnitt erhältst du dazu eine Anleitung. Achtung: Dieses Vorgehen ist auf die genannten Heilsteine ausgerichtet, die im Zusammenhang mit dem dritten Auge stehen. Für andere Heilsteine sind die beschriebenen Maßnahmen nicht unbedingt geeignet, da sie zum Beispiel keinen direkten Kontakt mit Wasser vertragen.

Solltest du mit anderen Steinen arbeiten wollen, informiere dich entsprechend, um die beste Handhabung mit dem jeweiligen Stein zu gewährleisten.

Zum Entladen eines der hier genannten Steine, halte den Stein einfach unter fließendes Wasser.

Auf diese Weise befreist du ihn von der statischen Ladung, die er während der Nutzung aufgenommen hat.

Mit dem Entladen fährst du deinen Stein herunter wie einen Computer. Die Reinigung ist im Anschluss ein unabdingbarer Schritt, da in deinem Stein noch all die Informationen enthalten sind, die du auf ihn übertragen hast – auf deinem Computer befinden sind schließlich auch noch alle Programme und Viren, selbst wenn du ihn vom Strom nimmst. Informationen, die dein Stein speichert, sind etwa Krankheiten oder Emotionen. Hast du beispielweise meditiert und dich mit dem Thema Wut auseinandergesetzt, oder den Stein bei dir getragen, während du traurig warst, dann sind diese Emotionen nun Teil des Steines. Diese möchtest du jedoch nicht dauerhaft bei dir tragen, weshalb der Schritt der Reinigung so wichtig ist.

Am Besten werden Steine durch die Aufbewahrung in einer Amethystdruse aufgeladen. Hast du nur kurz mit dem Stein gearbeitet, reicht eine Stunde Reinigung. Nach einer längeren Tragezeit sollte der Stein eher einen Tag in der Amethystdruse verbleiben.

Eine andere, günstigere Methode der Reinigung ist das indirekte Salzbad. Dafür legst du den Stein in eine kleine Glasschale, welche du wiederum in eine größere Glasschale stellst. Die große Schale befüllst du mit Salz.

Sie muss nicht randvoll sein, doch das Salz muss höher stehen als der Stein in der kleineren Schale. Wichtig ist bei dem Salzbad, dass der Stein nicht mit dem Salz selbst in Berührung kommt, andernfalls entziehst du dem Stein sein Wasser. Außerdem darf der Stein dem indirekten Salzbad nicht zu lange ausgesetzt werden. Nach einer kurzen Verwendung des Steins genügen schon zehn Minuten, nach intensiver Nutzung sollten es maximal sechs Stunden sein. Jede Zeit, die darüber hinausgeht, schwächt den Stein in seiner Heilkraft.

Nach dem Entladen und Reinigen stärkst du die Kraft deines Steines, indem du ihn neu auflädst. Dies machst du entweder im Licht der aufgehenden oder der untergehenden Sonne. Oft liest man in diesem Zusammenhang, dass zum Aufladen Mondlicht genutzt werden soll. Dies ist insofern nicht falsch, als dass Mondlicht eine enorm starke Wirkung auf die Steine ausübt. Problematisch ist jedoch, dass die jeweiligen Mondphasen ganz unterschiedliche Energien mit sich bringen. Um deinen Stein im Mondlicht genauso aufzuladen, wie es gut für dich ist, solltest du dich detailliert mit Astrologie auseinandersetzen, da hier die Konstellation der Sterne eine wichtige Rolle spielt. Es gibt daher unzählige unterschiedliche Mechanismen, die hinter der Aufladung mit Mondlicht stehen, und nicht alle sind für dich von Nutzen.

Beginnst du gerade erst, dich mit Heilsteinen auseinanderzusetzen, ist es sinnvoll, dich erst einmal auf das Aufladen im auf- oder untergehenden Sonnenlicht zu beschränken.

Märchen und Geschichten

Märchen und Geschichten von Prinzen und Prinzessinnen, Elfen und Feen, Zwergen und Kobolden oder von bösen Hexen und Einhörnern sind bei Kindern stets beliebt. Betrachtet man die Welt der Erwachsenen, so finden sich schon weniger Menschen, die regelmäßig Zeit dafür finden. Dabei erweist sich genau dieses einfache und schöne Mittel als so gut für unser drittes Auge, denn Märchen und Geschichten regen unsere Fantasie an.

Gemeint ist hierbei vor allem das, was wir aus Büchern oder Erzählungen erfahren. Filme und sogar Hörspiele bergen die Gefahr, dass bereits zu viele Bilder, Geräusche und Stimmen vorgegeben werden. Wer hingegen selbst ein Buch zur Hand nimmt und liest, der erschafft vor seinem inneren Auge eine für sich einzigartige Welt.

Der Trubel um „Harry Potter" oder „Der Herr der Ringe" zeigt, wie viele von uns sich noch immer gern in solche Zauberwelten hineinziehen lassen. Zwar mögen unter all den Fans noch immer nur wenige davon überzeugt sein, dass es tatsächlich andere Wesen und Dimensionen gibt und dass wir die Möglichkeit haben, mit diesen in Kontakt zu treten; dennoch ist allein die Visualisierung dieser Geschichten bereits eine Übung, um das dritte Auge zu öffnen. Wenn du also an einem Abend keine Kraft oder Lust mehr hast, intensiv zu meditieren, mit Orakel-Karten zu arbeiten oder Yoga zu praktizieren, dann nimm doch einfach mal wieder ein Märchenbuch zur Hand und lies eine Geschichte, die du möglicherweise vor vielen Jahren das letzte Mal vor Augen hattest.

Ernährung

Als letzten relevanten Aspekt für die Öffnung des dritten Auges kommen wir noch einmal auf die Rolle der Ernährung zu sprechen, die wir schon im Zuge der Zirbeldrüsenverkalkung angeschnitten haben. Im Grunde stellt die Ernährung keine wirkliche Übung dar, wie etwa Meditation oder Yoga, und sie ist kein Instrument, das du wie Heilsteine oder Räucherwerk unterstützend ausprobieren kannst. Deine Ernährung spielt vielmehr kontinuierlich eine Rolle und sollte eine Lebensphilosophie kennzeichnen, die dem spirituellen Erwachen entspricht. Doch was genau bedeutet das? Auf welche Ernährung solltest du achten, damit dein drittes Auge sich öffnen kann und die Zirbeldrüse nicht weiter verkalkt?

Entscheidend ist ein kontinuierlicher Verzehr möglichst frischer und natürlicher Produkte. Je mehr ein Lebensmittel verarbeitet oder gar synthetisch angereichert wurde, umso schädlicher ist es für unseren Körper und Geist. Alkohol, Koffein und Zucker sind natürlich nicht zuträglich. Viele plädieren für eine vegane Ernährung und erklären tierische Produkte für spirituelle Verhinderer. Die Ansichten gehen an dieser Stelle auseinander, Fakt ist jedoch, dass du beim Verzehr von Fleisch und Fisch unbedingt auf die Qualität achten solltest. Hinterfrage, wo das Lebensmittel herkommt und wie das Tier gehalten wurde. Zudem sollten tierische Produkte eher als Ausnahme gelten und nicht täglich auf dem Tisch landen – das schließt auch Milchprodukte ein. Alternativ kann auf Hafer-, Dinkel- und Reismilch zurückgegriffen werden.

Allgemein sollte auf eine basische Ernährung geachtet werden. Konzentriere dich auf den Verzehr von frischem Obst, Gemüse, Hülsenfrüchten und Getreide, wie Dinkel, Reis, Mais, Hafer und Hirse. Auch die Körnerfrüchte (Pseudogetreide) Buchweizen, Quinoa und Amarant sind nicht nur gesund, sondern entsprechend zubereitet sehr schmackhaft. Sie lassen sich sowohl als herzhaftes Mittagessen als auch in süßer Variante zum Frühstück zubereiten. Würze dein Essen mit Koriander und Kurkuma, um der Vergiftung durch Fluor und Schwermetalle entgegen zu wirken.

Neben dem Essen spielt das Trinken eine bedeutende Rolle. Unbedingt achten solltest du auf die Aufnahme von ausreichend (in der Regel zwei Liter pro Tag) und qualitativ hochwertigem Wasser. Der regelmäßige Verzehr von Holunder- oder Melissentee ist förderlich für das dritte Auge. Denke jedoch daran, dass Tees immer auch eine therapeutische Wirkung haben und daher nie ausschließlich getrunken werden sollten.

Achte auf eine ausreichende Magnesiumzufuhr, zum Beispiel durch den Verzehr von Kürbis-, Sonnenblumen-, Cashew- oder Pinienkernen, Leinsamen, Sesam, Mohn und Mandeln. Darüber hinaus ist die entsprechende Aufnahme von Jod wichtig. Diese erreichst du etwa durch Champignons, Erdnüsse, Brokkoli oder Algen. Das Jodsalz aus dem Supermarkt sollte hingegen besser gemieden werden.

Zu einer Umstellung deiner Gewohnheiten beziehungsweise einer kontinuierlichen Stärkung des dritten Auges können dir kleine tägliche Rituale verhelfen.

Bereite dir etwa zum Frühstück immer einen grünen Smoothie zu und genieße vor dem Zubettgehen einen Tee. Gewöhne dir an, einen Apfel als Zwischenmahlzeit auf die Arbeit mitzunehmen oder lagere ein paar Nüsse in der Schreibtischschublade.

Weiterhin kannst du dein drittes Auge durch Kuren und regelmäßige Maßnahmen unterstützen. Fastenkuren entlasten zum Beispiel deinen gesamten Organismus. Die Ausleitung von Giftstoffen, etwa durch die Einnahme von Chlorella, solltest du ebenso drei bis vier Mal im Jahr in Angriff nehmen. Lasse dich zum Thema Darm- und Leberreinigung idealerweise von einem Heilpraktiker beraten, bevor du so etwas zum ersten Mal in Angriff nimmst. Es gibt in diesem Bereich unzählig viele Optionen, wobei es bei der Wahl einer geeigneten Methode auf deinen individuellen Gesundheitszustand sowie deinen Lebensrhythmus ankommt. Bist du berufstätig oder trägst die Verantwortung für eine Familie, muss die Kur in deinen Alltag integrierbar sein. Kannst du dir eine Auszeit von allem nehmen, stehen dir wiederum andere Wege offen.

Schluss

Wie bereits betont, sind alle hier präsentierten Instrumente und Übungen als Inspirationen zur Öffnung des dritten Auges zu betrachten. Je mehr du dich diesen hingibst und öffnest, umso eher werden sich dir weitere Wege und Optionen auftun. Neugier und Mut sind wichtige Begleiter auf diesem Pfad.

Wenn du spirituell erwachst, siehst du dein bisheriges Leben möglicherweise aus einer ganz anderen Perspektive. Plötzlich verschwinden Ängste und Sorgen, die du lange mit dir herumgetragen hast. Mit absoluter Klarheit erkennst du Lösungen, nach denen du gesucht hast. Zuversicht und Freude stellen sich in deinem Leben ein und du beginnst, Dinge wahrzunehmen, zu spüren, zu hören, zu riechen oder zu sehen, die physisch nicht erkennbar sind.

Welche auch die Veränderungen sein mögen, die sich bei dir einstellen, wenn du dich auf den Weg begeben hast – betrachte sie als Zeichen des Fortschritts und der Transformation. Bewerte nicht, wie lange etwas dauert oder wie intensiv es ist. Vergleiche deine Erfahrungen nicht mit denen anderer. Spüre vielmehr immer wieder in dich selbst hinein und erkenne die Veränderung, die sich in dir vollzieht. Wir alle sind individuelle Geschöpfe und jeder bringt seine eigenen Fähigkeiten und Gaben mit. Dementsprechend kann im Zuge des spirituellen Erwachens unmöglich bei jedem Menschen das gleiche passieren.

Am Ende dieses Buches wurde bei dir hoffentlich ein Gefühl erweckt, was dich dazu ermutigt, deine eigene Spiritualität zu entdecken.

Begib dich auf den Weg, um deine Intuition zu erkunden und sei dir bewusst, dass sie auch jetzt schon vorhanden und bereit ist, angezapft zu werden. Mit der richtigen Haltung und ein wenig Ausdauer wirst du sehr schnell – und vielleicht hast du bereits während des Lesens damit begonnen – neue Aspekte an dir und deiner Welt entdecken. Viel Freude dabei!

Zeitfracht Medien GmbH
Ferdinand-Jühlke-Straße 7
99095 Erfurt, Deutschland
produktsicherheit@kolibri360.de